ただ一つの慰め

『ハイデルベルク信仰問答』による
キリスト教入門

吉田 隆

教文館

はじめに

問1　生きるにも死ぬにも、あなたのただ一つの慰めは何ですか。
答　わたしがわたし自身のものではなく、
　　体も魂も、生きるにも死ぬにも、
　　わたしの真実な救い主
　　イエス・キリストのものであることです。

ハイデルベルクという町がドイツの南西部にあります。ライン川支流のネッカー川沿いにある豊かな森に囲まれた美しい町です。古くからの大学都市で、町を見おろす高台には中世にさかのぼる古城がそびえています。

『ハイデルベルク信仰問答』という小さな書物は、一五六三年にこの町で生まれました。お城の領主と大学の神学者と町の牧師たちとのチームワークで作られたのです。神の言葉である聖書に基づく真実な教えによって、子どもや若者たちを養い育てたいという真摯な願いの結晶でした。その願い通り、本書はキリスト教信仰を最も美しく書き表した書物の一つとして迎え入れられ、今日に至るまで多くの人々から愛され続けています。

さて、しかし、そもそもキリスト教信仰を学ぶのになぜ聖書だけでは不十分なのだろうと思う方がおられるかもしれません。いいえ、不十分なのではありません。ただ、あると便利なのです。とっても便利です。このような小さな書物を繰り返し学ぶことで、驚くほど聖書がわかるようになっていきます。教会は、昔からこのように聖書を教えてきました。

聖書は、たとえて言えば、海のようです。海の本当の豊かさ・すばらしさは、実際に海とたわむれ、海と共に生活してみなければわからないでしょう。あるいは、聖書は、深い森のようです。その奥深さ・神秘・驚きも、実際に足を踏み入れてみなければ味わえないに違いありません。けれども、あの計り知れない海の全体をどうして理解することができるでしょうか。出口もわからない森の中で、どうすれば迷子にならずにすむのでしょうか。まして、これから聖書を学ぼうとする人たち、あるいは聖書の全体をまず理解したいと願う人々には、どうしても羅針盤のようなガイドブックが必要です。それが「カテキズム」と呼ばれる書物なのです。

「カテキズム」というのは、子どもや初学者に口伝えで教える営みを表す言葉でしたが、やがてそのために用いられる書物そのものを指すようになりました。聖書のエッセンスを簡単明瞭に教える書物一般が「カテキズム」です。そのうち、問答形式で書かれたものを特に「教理問答」とか

「信仰問答」と日本語では呼んでいます。

あの海や森のような聖書をわかりやすく伝えるためのガイドブック。古来、何百ものカテキズムが作られてきた理由はここにあります。聖書の豊かなメッセージを伝えるためには、数え切れないほどの〝伝え方〟があるからです。

例えば、『ウェストミンスター教理問答』という有名な書物では、「契約」という言葉を手がかりに全体を教えようとしています。旧約・新約と言われますように、聖書は神と人間との間の「約束」または「契約」を教えている書と言うことができるからです。そのようにして、聖書全体のメッセージをより客観的・体系的に表そうとしたのです。これはこれで、大変わかりやすい説明の仕方だと思います。

それに対して、これから学ぼうとしている『ハイデルベルク信仰問答』という書物は、「慰め」という言葉を中心にすえています。これは聖書全体を体系的に説明するものではなく、聖書の本質であるイエス・キリストの福音とは何か、わたしたち人間にとってどのような益また力をもたらすのかを端的に表現した言葉です。もちろん、それを愛とか喜びとか希望といった言葉で表すこともできたでしょう。しかし、この『信仰問答』が書かれた時代を生きた人たちにとって、キリストの福音が「生きるにも死ぬにも……慰め」（問1）となるかどうかは、根本的に重要な問いだったのです。

苦しみと悩みに満ちた時代を生きるため、人は多くの慰めを必要とします。それは、家族や友人であったり、やりがいのある仕事であったり、お金や名声であったり。そうしたことすべてがこの世を何とか生きていくための慰めとなるでしょう。しかし、生きている間だけではない「死ぬ」時にも、他人はいざしらず「あなた」にとって、いくつものではない「ただ一つの慰め」とはいったい何かと、『信仰問答』は問いかけます。

ここからわたしたちの信仰の旅は始まります。

もくじ

装丁　桂川　潤

ただ一つの慰め——『ハイデルベルクー信仰問答』によるキリスト教入門

序　ただ一つの慰め

問1　生きるにも死ぬにも、あなたのただ一つの慰めは何ですか。

答　わたしがわたし自身のものではなく、
　体も魂も、生きるにも死ぬにも、
わたしの真実な救い主
イエス・キリストのものであることです。
この方は御自分の尊い血をもって
わたしのすべての罪を完全に償い、
悪魔のあらゆる力からわたしを解放してくださいました。
また、天にいますわたしの父の御旨でなければ
髪の毛一本も落ちることができないほどに、
わたしを守っていてくださいます。
実に万事がわたしの救いのために働くのです。
そうしてまた、御自身の聖霊によりわたしに永遠の命を保証し、

今から後この方のために生きることを心から喜び
またそれにふさわしくなるように、
整えてもくださるのです。

ローマの信徒への手紙という書簡は、聖書の中の最高峰と言われています。そして、その手紙の中でも最も高い頂上にあたるのが、第八章です。聖書全体を流れる神の愛とキリストの福音が、燦然と輝きわたっているからです。キリストの福音の恵みをあれこれと説明してきたパウロは、神の恵みの圧倒的な力に感極まって、次のように書いています。「死も、命も……、現在のものも、未来のものも……、わたしたちの主キリスト・イエスによって示された神の愛から、わたしたちを引き離すことはできないのです」(38－39節)。

『ハイデルベルク信仰問答』が問1で教えている「慰め」(Trost)とは、実にこのような慰めのことです。わたしたちが思っているような感傷的なものでは必ずしもありません。「慰め」と訳されたドイツ語のもともとの意味は、わたしたちの心を置くべき拠り所や確信といった意味合いを持つ言葉と言われます。もとの意味からすれば、むしろ「拠り所」と訳した方が良いかもしれません。「生きるにも死ぬにもあなたのただ一つの拠り所は何か」。わたしたちが体も魂もすべてを任せることのできる、全幅の信頼を置くことのできる、その拠り所とは何かという問いです。

それに対し、『信仰問答』は、「わたしがわたし自身のものではなく……、イエス・キリストのものであることです」と答えます。「わたし」という弱くあてにならない者が、わたしの真実な救い主キリストのものになること。キリストを通して永遠不変の神のものになること。それこそが決して揺るぐことのない確かな拠り所である、「慰め」であると言うのです。

一六世紀ドイツのマルティン・ルターという宗教改革者は、死の床に伏す母親に対して、「お母さん。天国のイエス様はもうわたしたちを裁く方ではありません。わたしたちを救ってくださったお方なのですから、何一つ恐れることはありません。心配することはありません」と慰めています。

ジャン・カルヴァンというスイスの改革者も生涯の終わりに遺言書の中で、イエス・キリストの死と苦しみを通してわたしのような者の罪を全く赦してくださった、その神の一方的な御恩寵を全身全霊をもって抱きしめる、と書いています。そして、全能の神がわたしの父となってくださり、わたしがその子どもとされたという保証以外に依り頼むべき「慰め」は何一つないと言うのです。

かつては高慢と不遜に凝り固まって生きていたパウロにとって、あるいは死と審判の不安や恐れにさいなまれていた人々にとって、自分の存在すべてがイエス・キリストのものになったということにまさって確かな慰めに満ちたことはありませんでした。

問1の答えの文章は、さらに続きます。

そもそも、こんな何の取り柄もないようなわたしがキリストのものとなれたのは、このお方がかつてカルバリの丘の十字架で御自分の命と引き換えにわたしの罪を完全に償ってくださったからだ（過去）、と言われます。

そして、この方を通して、今や全能の神がわたしの父となって、わたしのために万事を益としてくださっている（現在）。さらには、この方の聖霊によって、わたしに永遠の命が保証され、この方のために生きることの喜びが与えられ、いつかはわたしも神様にふさわしく造り変えられる（未来）、と。

つまり、わたしがイエス・キリストのものになることによって、父なる神も聖霊なる神も、実に三位一体の神すべてが、過去・現在・未来にわたってただわたしのために働いてくださるのだという驚くべき福音が、ここには表現されているのです。

イエス・キリストを救い主と信じて洗礼を受ける時、教会では「父と子と聖霊の御名によって洗礼を授ける」と言われます。その日から、わたしがもはやわたしのものではなく、キリストのものになるからです。キリストを通して、三位一体の神の御手の中で生きる者となるからです。

もし神がわたしたちの味方であるならば、誰がわたしたちに敵対できますか（ローマ八31）！

これこそが、聖書が告げる福音です。

問2　この慰めの中で喜びに満ちて生きまた死ぬために、あなたはどれだけのことを知る必要がありますか。

答　三つのことです。

第一に、どれほどわたしの罪と悲惨が大きいか、
第二に、どうすればあらゆる罪と悲惨から救われるか、
第三に、どのようにこの救いに対して神に感謝すべきか、
ということです。

「わたしがわたし自身のものではなく……、イエス・キリストのものであること」。それが、わたしたちにとっての揺るぐことのない確かな「拠り所」また「慰め」であると学びました。

問2では、それがたんなる真理だというだけでなく、実際にその中で生きていくこと、そして死んでいくことが問われています。聖書が教える「慰め」は、たんなる知恵や知識に終わってしまうものではありません。わたしたち人間が実際に生きそして死んでいく、人生そのものを支える力とならねばならないものだからです。

しかも、それは「喜びに満ちて」生きまた死ぬことができるようなものなのだ、と言われます。聖書の言葉は、わたしたち人間が、それがたといどんな人であってもどんな状況にいたとしても、生きていてよかったという喜びへと導く力を持っています。それが、聖書をくださった神の御心なのです。聖書はそのように読まれなければなりません。聖書が伝えようとしている知識は、わたしたちの頭だけではなくハートを突き動かして、真の〝喜び〟へと導き入れる知識です。

それでは、わたしたちがそのような〝喜び〟へと招かれるために知らなければならないこととは、

何でしょう。いったいどれだけのことを知ればよいのでしょうか。『信仰問答』は、三つのことだと答えます。

「第一に、どれほどわたしの罪と悲惨が大きいか」。罪と悲惨は、〝喜び〟の対極にあることです。健やかさや笑顔や快活さとは無縁な、人の心の奥深くにうごめくドロドロとした欲望と底無しの闇。わたしたちは、そんなことを日頃考えもしないし、考えたくもないでしょう。それにもかかわらず、実際には日々、自分の罪深さにさいなまれ、この世や人生に重くのしかかる悲惨の数々に心が悲鳴をあげているのではないでしょうか。

「正しい者はいない。一人もいない」(ローマ三10)。『信仰問答』は、この罪と悲惨の現実を知ること。しかも、他の誰かではない、「わたし」の罪と悲惨を知ることを求めます。これとまっすぐに向き合うことなくして、わたしが真実の喜びに導かれることはありえないからです。それは、決して楽しいことではありません。自分の心がえぐられるような思いをするかもしれません。けれども、そこからのみ、見せかけではない真の「わたし」の再生は始まるのです。

「第二に、どうすればあらゆる罪と悲惨から救われるか」。罪と悲惨は、しかし、わたしたちがいつまでも留まるべき状態ではありません。そこから救われなければなりません。時に、わたしたちは自分で自分をあきらめてしまうことがあります。しょうがない、もうどうにもならないと、自分の無力さや弱さに絶望してしまうのです。

けれども、神様はあきらめておられません。「わたし」に命をくださったのは、神様です。そうであれば、わたしたち人間が惨めに死んでいくことをどうして神は喜ばれるでしょうか。「わたしはだれの死をも喜ばない。お前たちは立ち返って、生きよ」と神は言われます（エゼキエル一八32）。全く絶望的な状態にまで堕落した人間を、神は救おうとしておられる。その救いの道を知ること。それが第二のことです。そして、これが最も重要なことなのです。そのためにこそ、聖書は書かれたのですから。わたしたちに喜びを満たすために！

「第三に、どのようにこの救いに対して神に感謝すべきか」。神の救いは、わたしたちに計り知れない喜びをもたらします。もう一度、生きる希望と勇気が与えられます。けれども、受けた喜びは与える喜びとなって初めて人を生かす力となるものです。「あなたがたは、以前には暗闇でしたが、今は主に結ばれて、光となっています。光の子として歩みなさい」（エフェソ五8）。これが、『信仰問答』が指し示す人生です。

人間の悲惨（問3－11）と救い（問12－85）と感謝（問86－129）を『信仰問答』は教えていきます。これは、新約聖書のローマの信徒への手紙の構造にならった順序ですが、同時に一人の人間の魂の道行きを表しています。それは、時間的な順序というよりも、魂の中で何度となく繰り返される〝心の旅〟とでも言うべきものです。そこに至る門は狭く、道は細いかもしれません。けれども、それは確かに命へと到る道なのです（マタイ七13－14）。

第一部

人間の悲惨さについて

問3　何によって、あなたは自分の悲惨さに気づきますか。

答　神の律法によってです。

問4　神の律法は、わたしたちに何を求めていますか。

答　それについてキリストは、マタイによる福音書二二章で次のように要約して教えておられます。

「『心を尽くし、精神を尽くし、思いを尽くし（、力を尽くし）て、あなたの神である主を愛しなさい』。これが最も重要な第一の掟である。第二も、これと同じように重要である。『隣人を自分のように愛しなさい』。律法全体と預言者は、この二つの掟に基づいている」。

問5　あなたはこれらすべてのことを完全に行うことができますか。

答　できません。

なぜなら、わたしは神と自分の隣人を憎む方へと、生まれつき心が傾いているからです。

わたしたちが〝ただ一つの慰め〟の中で喜びに満ちて生きまた死ぬために、第一に知らなければならないことは「どれほどわたしの罪と悲惨が大きいか」ということでした（問2）。興味深いことに、問3ではこのうち「悲惨」だけが問題にされています。「何によって、あなたは自分の悲惨さに気づきますか」。

初めて聖書を学んだ時、「人間は皆、罪人である」という聖書の教えがわかるようでわかりませんでした。〝罪人《つみびと》〟という言葉に引っかかったのです。わたしは何も警察のお世話になったことはないと思ったからです。この世の悲惨さ、人間の悲惨さはよくわかっていましたが。

〝罪〟と言うと何か個々の事柄にわたしたちが違反することやわたしたちの心根の性質という意味合いが強くなりますが、〝悲惨さ〟の場合にはむしろ罪がもたらす結果を含めた広い概念になります。わたしたちが日常的に直面している諸々の現実を含み持つものになるからです。『信仰問答』は、悲惨かどうかを尋ねてはいません。わたしがそれに気づいているかどうかを問うています。しかもこの世一般の悲惨さだけではなく、「自分の悲惨さ」に。

ここで「悲惨」と訳された言葉（Elend）の語源は「土地から離れた／離された」という意味だそうです。悲惨とは、土地から離れてしまうことだと。そう言えば、聖書はたびたびそのような悲惨を描いています。そもそも人間の悲惨の始まりは、アダムとエバが自分の罪によって神のもとから離れてしまった結果でした。神の民であるイスラエルもまた、自分の罪ゆえに約束の土地から遠く引き離されて捕囚となります。あるいはまた、イエスのたとえ話の中に出てくる、好き放題して身を持ち崩した放蕩息子。彼もまた、父の家から自分で離れたことが悲惨の始まりでした。なるほど「悲惨」とは、本来あるべき所から離れてしまうことによってもたらされるようです。そうであれば、この悲惨に気づくためには、本来あるべき所を知らねばならないでしょう。それを指し示すのが、「神の律法」です。

「神の律法」は、わたしたちを映す鏡のようなものです（ヤコブ一24参照）。自分を理想化したり正当化しがちなわたしたちのありのままの姿を映す鏡です。そのような神の律法の働きについて述べる際、通常、真っ先に頭に浮かぶのは〝十戒〟と呼ばれる十の戒めです。けれども、『信仰問答』は、むしろイエスがおまとめになった律法の要約を引き合いに出します。神の教えを煎じ詰めると結局二つの愛に尽きると、イエスは言われました。それは、神への愛と隣人への愛です。これら二つの愛は、わたしたちにいったい何を求めているのでしょう。

聖書の愛とは、たんに好きになるということではありません。それは、一言で言えば、自己犠牲ということです。自分を犠牲にしても相手のために尽くす。それを愛と呼びます。相手が愛するに値するかどうかにかかわらず、相手のために尽くす。それが、愛です。

神の律法とは、この道を歩んでいくことが人間の真の幸いであると主がお示しくださった〝道しるべ〟のようなもの（詩編一編）です。万物を造られた神に対する全身全霊の愛と隣人への無私の愛。これらの二つの愛に貫かれて生きることこそが、人間の幸せだと言うのです。

しかし、それができますかと、『信仰問答』は問いかけます。たんなる外面や形だけの生活がどうかではなく、わたしたちの心の姿を見つめるようにと促します。あなたにはそのような愛がありますか、と。人間の自己中心的な姿は、自己犠牲的な愛の律法によってこそ、はっきりと映し出されるからです。

「できません」。それが「わたし」の答えです。もちろん、わたしたちはいつも周りの人を憎んでいるわけではないでしょう。それほどの悪党ではないかもしれません。けれども、心の〝傾き〟はどうでしょう。わたしだって、もっとすばらしい人間になりたいと思う。けれども、それとは裏腹な自分がいる。為すべきことを為し得ない、無力な自分がいる。わたしにはできない。

「わたしはなんと惨めな人間なのでしょう。……だれがわたしを救ってくれるでしょうか」（ローマ七24）。愛の深さを知れば知るほど、人間はそう叫ばずにはおれないのです。

問6　それでは、神は人をそのように邪悪で倒錯したものに創造なさったのですか。

答　いいえ。

むしろ神は人を良いものに、また御自分にかたどって、すなわち、まことの義と聖において創造なさいました。
それは、人が自らの造り主なる神をただしく知り、
心から愛し、
永遠の幸いのうちを神と共に生き、
そうして神をほめ歌い賛美するためでした。

問7 それでは、人のこのような腐敗した性質は
何に由来するのですか。

答 わたしたちの始祖アダムとエバの、
楽園における堕落と不従順からです。
それで、わたしたちの本性はこのように毒され、
わたしたちは皆、罪のうちにはらまれて
生まれてくるのです。

問8 それでは、どのような善に対しても全く無能で
あらゆる悪に傾いているというほどに、
わたしたちは堕落しているのですか。

答 そうです。
わたしたちが神の霊によって再生されないかぎりは。

神が望んでいる生き方ができないばかりか、「神と隣人を憎む方へと、生まれつき心が傾いている」という事実を思い知らされました（問５）。この人間の腐敗した性質に対する反応は、二つあります。一つは、開き直り。「生まれつき」皆がそうであれば、考えてもしかたがないではないか、と。しかし、罪をいい加減にすることは、自分の生き方自体をいい加減にすることです。悲惨な現実を何一つ変えることはできません。人間が本当に生まれ変わるためには、生まれ持った性質に向き合わねばならないのです。

もう一つの反応は、責任転嫁。「神は人をそのように邪悪で倒錯したものに創造なさったのですか」（問６）。「邪悪」とは心の根から腐っていること。「倒錯したもの」とは、あるべき姿が〝逆さまになっている〟ということです。生まれつき腐敗しているのなら、そのように造った方が悪いではないか。神がいるならなぜ悲惨があるのかと、責任を神になすりつける。そんなふうに産んだ親が悪い、わたしを創造した神が悪い！

わたしたちは親の気持ちも神の心も知らないで、勝手なことを言うものです。そうではないと、『信仰問答』は答えます。むしろ神は、わたしたちを「良いものに、また御自分にかたどって」お造りになったのだと。いったいどこの親が邪悪な子を産むことを望むでしょうか。まして唯一の善であられる神は人を「良い」ものに、しかも御自分にかたどって造られたのだと、旧約聖書の創世記は記しています（一27）。

神は霊ですから、顔かたちを似せてということではありません。そうではなく、性質が似ているということです。ちょうど子どもがやること為すこと親に似ているように、人はまるで神の生き写しのように造られたというのです。そこには何の隔ても壁もありません。人は神によって完全に知られ愛され、人もまた神を正しく知って愛する(ヨハネ一七3)。それが人間にとっての永遠の幸福、永遠の命だと聖書は言います。創世記は、そのような喜びに満ちた輝かしい人間の姿をみずみずしく描いています。これが聖書の人間観なのです。

それでは〝なぜ?〟というのが次の問いです。ここに人間の堕落が教えられます。本来良いものに造られたはずの人間が、ある時、堕落した。それが、創世記三章に記される堕落物語です。何が問題だったのかは、次回学びますが、それは「不従順」によると言われます。人間は神と向き合って造られましたから、神の方を向いて生きることが幸いのはずでした。しかし、不従順とは、神に背を向けてしまうことです。神は依然として愛情深く人を見つめておられるのに、人が背を向けたのです。

美しい川の源が汚染されると川全体が腐敗するように、始祖アダムとエバが堕落したためにすべての人間が毒されました。こうして人は皆、「罪のうちにはらまれて生まれてくるのです」。そんな馬鹿な、と思うかもしれません。アダムやエバと何の関係があろうか。そう思うのも無理はありません。けれども、少し頭を冷やして、自分のことを考えてみましょう。アダムやエバたちとは違って、わたしは清らかだと言える人が誰かいるでしょうか。むしろわたしたちはアダムやエバと同じように、日々、神に背を向けてはいないでしょうか。

堕落物語は決して昔話ではありません。「わたしは咎《とが》のうちに産み落とされた」と、ダビデ王は自分の罪深さを嘆きました（詩編五一7）。それは、自分の内に罪の血が流れているとしか言いようのない姿。それが〝原罪〟ということなのです。

まるで木の上の巣から落ちた雛《ひな》のように、人は神との幸いな状態から落ちてしまいました。「どのような善に対しても全く無能であらゆる悪に傾いている」とは、落ちた所に自力で戻りうる善は少しも持ち合わせていない、ということです。どうあがいても人間は、神のもとに自分で戻ることができないのです。

しかし、「人間にはできないことも、神にはできる」（ルカ一八27）。堕落してしまった世界で這い回るほかないわたしたちが再び神のもとに戻れるとすれば、それは上からの助け以外にありません。生まれつき腐敗している人間がもう一度生まれ変われるとすれば、それは神によって「再生」させられる道のみなのです（ヨハネ三5）。

問9　御自身の律法において人ができないようなことを求めるとは、神は人に対して不正を犯しているのではありませんか。

答　そうではありません。

なぜなら、神は人がそれを行えるように
人を創造されたからです。
にもかかわらず、人が悪魔にそそのかされ、
身勝手な不従順によって
自分自身とそのすべての子孫から
この賜物を奪い去ったのです。

問10　神はそのような不従順と背反とを罰せずに
見逃されるのですか。

答　断じてそうではありません。
それどころか、神は生まれながらの罪についても
実際に犯した罪についても、激しく怒っておられ、
それらをただしい裁きによって
この世においても永遠にわたっても罰したもうのです。
それは、
「律法の書に書かれているすべての事を
絶えず守（り行わ）ない者は皆、呪われている」と
神がお語りになったとおりです。

問11　しかし、神は憐れみ深い方でもありませんか。

答　確かに神は憐れみ深い方ですが、
　またただしい方でもあられます。
ですから、神の義は、
神の至高の尊厳に対して犯される罪が、
同じく最高の、すなわち永遠の刑罰をもって
体と魂とにおいて罰せられることを要求するのです。

わたしたち人間の真の姿が〝悲惨〟以外の何ものでもないという聖書の教えを学びました。もちろん、そんなことは考えたくもなければ認めたくもないことでしょう。しかし、この問題を避けて次に進むことはできません。それで『信仰問答』は、わたしたちの心の声を代弁するかのような問いを重ねつつ、問題の核心へと一気に迫ってまいります。

問6－8が人間の堕落と腐敗した性質についての教えだとすれば、問9からは神の律法と人間の罪についての教えです。神の律法を行うことはできないと率直に認めたはずの「わたし」（問5）が、ここではひるがえって神を糾弾し始めます。そもそもできないことを求める方が悪いんだと。あたかもスピード違反をしていながら〝こんな道をノロノロ走れるはずないじゃないか。そんな非現実的な決まりを作る方が悪い！〟と訴えているかのようです。

しかし、守れないのではありませんでした。簡単に守れたはずなのに、自分の意志でそれを無視したのです。何かとてつもなく難しいことを神が人にお命じになったのなら文句の一つも言えましょう。しかし、神がお命じになったのは、間違いようのないほどはっきりした「園の中央」にある木から食べてはならないという、ただそれだけでした（創世二9、三3）。守れるのに、守らなかった。悪いと知っていながら、誘惑に負けた。人間は、昔も今も同じです。不正を犯しているのは神ではありません。わたしたちです。

そうなると次の手は〝今回は見逃して〟ということでしょう。問10の「**罰せずに見逃されるのですか**」には、ひょっとしたら見逃してくれるかもという淡い期待が隠されています。しかしながら、答えは「**断じてそうではありません**」。それどころか、神の激しい怒りと裁きが明言されます。「**生まれながらの罪**」だけでなく「**実際に犯した罪**」に対しても。他人事ではすまされません。もしわたしたちも罪を犯しているのであるならば、アダムたちに対してのみならずわたしたちに対する神の裁きも免れ得ないのですから。

神が罪を見逃されないのは、この方が永遠に生きておられる方だからです。寝ている神ならいざ知らず、生きていればこそ、目の前で犯される罪を見逃すことはできないのです。けれどもそれは、ただ怒りにまかせた裁きなのではありません。脅しではなく、書いてあるとおり、律法に従って極めて公平かつ客観的になされる裁きです。

警察の御用になった運転手の中には、見逃してもらおうといろいろと言い訳をする人がいるようです。そんな不従順な人に対する切り札は法律を持ち出すことだそうです。ごねれば何とかなると思えばいろいろするでしょう。しかし、決まりを曲げることはできません。これが公平かつ客観的な裁きというものです。わたしたち罪人への神の裁きは、実に公明正大に徹底的になされます。

ここに至って万策尽きました。こうなると残る道は、もう慈悲にすがることだけです。「神は憐れみ深い方でもありませんか！」（問11）。考えてみれば、これも虫のいい話です。神の方が悪いと言っていた舌の根の乾かぬうちに……。もちろん、聖書は、神が「憐れみ深い方」であることを教えています。しかし、神は「ただしい方」でもあられます。「至高の尊厳」に対する罪は「最高の……刑罰」に値します。しかも人間が体と魂を持つ存在として造られた以上、体と魂において、すなわち全人的に裁きを受けねばならない。これが、正義と公平に基づく裁きです。

わたしたちの神は「まあいいよ」とはおっしゃらない。決して、曖昧にはなさいません。わたしたちが犯した罪に対して真剣に真正面から立ち向かわれる。真剣だから怒るのです。どうでもいいなら、ここまでなさることはないでしょう。しかし、人間を尊厳ある者として尊ぶからこそ、公平に扱わざるを得ない。神が裁きをなさるのは、正当な存在としてわたしたちを認めておられるからにほかなりません。

しかし、義人ヨブでさえ、この神の視線に耐えることはできませんでした。なぜこんな虫けらのようなわたしにそこまで真剣になるのか、と訴えます（ヨブ七17－21）。その神がいかに真剣に人を〝救おう〟とされる神であるか、まだ知らなかったからです。

第二部
人間の救いについて

ただ一人の仲保者

問12　わたしたちが神のただしい裁きによって
この世と永遠との刑罰に値するのであれば、
この刑罰を逃れ再び恵みにあずかるには*
どうすればよいのですか。

*ラテン語版「和解するには」

答　神は、御自身の義が満たされることを望んでおられます。
ですから、わたしたちはそれに対して、
自分自身によってか他のものによって、
完全な償いをしなければなりません。

〝ただ一つの慰め〟の中で喜びに満ちて生きまた死ぬために、三つのことを知る必要があると、問2で学びました。人間の悲惨さ・人間の救い・神への感謝の三つです。このうち、第一の「どれほどわたしの罪と悲惨が大きいか」を知るために問いを重ねてきました。

ちょうど医者の診断を受けるようにして、神の言葉に照らして一つ一つ考えてみると、自分とこの世がもはや取り返しのつかない〝死に至る病〟におかされていることが明らかになりました。もしこれに正面きって向き合うならば、わたしたちはいったいどうすればよいのか。パウロが叫んだように「わたしはなんと惨めな人間なのでしょう。死に定められたこの体から、だれがわたしを救ってくれるでしょうか」(ローマ七24)と、天を仰ぐほかないでしょう。

けれども、この「人間の悲惨さ」の部分は、『信仰問答』全体からすれば極めてわずかな文量です。この小さな書物のほとんどを占めているのは「人間の救い」と「感謝」です。それは何より聖書そのものが救いの書だからにほかなりません。人間の絶望を教える書ではなく、神の勝利を伝える書物なのです。

問12から始まる第二部では「人間の救いについて」教えられます。ここで「救い」(Erlösung)と訳されているのは、ドイツ語で「解放」という意味の言葉です。罪の悲惨の中にがんじがらめとなり、罪の捕囚また奴隷となっている人間が解放されていくこと、解き放たれていくこと、それが救いだというわけです。

昔、神に背いて罰を受け、約束の土地から遠く引き離されて捕囚の地につながれていたイスラエルに対し、神は時至って「慰めよ、わたしの民を慰めよ……苦役の時は今や満ち、彼女の咎《とが》は償われた」と宣言されました(イザヤ四〇1-2)。約束の土地に戻る時、解放の時が訪れたからです。

「人間の救いについて」教える第二部は、まさにそのような壮大な神の解放の御業を宣言する最も大切な部分です。

「この世と永遠との刑罰」。生ける神への背反は、この世と永遠との刑罰に値します。地の果てに逃れても神はそこにいる。たとい死を選んで陰府《よみ》にくだったとしても、神はなおそこにおられる（詩編一三九8参照）。にもかかわらず、「この刑罰を逃れる」道を尋ねずにはおれない。人間とはまことに悲惨な存在です。

それに対して『信仰問答』は簡単には答えてくれません。罪と悲惨の現実を認めまいと、これまで散々理屈をこね回してきたわたしたちに、安直な答えで済ますわけにはいかないのです。刑罰を逃れたいなら「神の義」（問11）を満たすために「完全な償い」をすればよい、と突き放します。「完全な償い」――これが、続く問答の鍵となる事柄です。

問12でもう一つ心に留めたいことは、問いの中にある「再び恵みにあずかる」という言葉（ラテン語版では〝和解する〟）です。この問いの最も重要な点は、ただ逃れの道や脱出方法を問うているのではなく、再び恵みにあずかる道、再び神のもとに戻るためにはどうしたらよいかを尋ねている点です。

わたしたち人間にとっての救いとは、神の裁きを逃れてどこか別の場所に落ち着くことではありません。何とか罰を逃れられればそれで良しという一時しのぎでは救われないからです。人間にとっての真の救いとは、命を与えてくださった神のもとへと帰ることです。アウグスティヌスという人が言ったように、人の心は自分を造ってくださった神のうちに安らうまでは決して平安を得ることができません。ですから、どうしても神のもとへ、その懐《ふところ》の中へと戻らねばなりません。そのためにはどうしたらよいか。それをこの問いは問うているのです。

それはちょうど放蕩息子のたとえ（ルカ一五11以下）に似ています。父の家を離れて放蕩の限りを尽くした息子は、一文無しとなり落ちぶれます。が、やがて自分の惨めさに我に返った息子は、〝父のところ〟に帰ろうと決心します。たんに目先の悲惨から逃れるのではなく、もう一度父のもとに戻り、そこで再び自分自身をやり直そうとするのです。それは、父との〝和解〟への旅と言ってもよいでしょう。けれども、父への裏切りという罪をいったいどう償えばよいのでしょうか。

問13　しかし、わたしたちは自分自身で償いをすることができますか。

答　決してできません。それどころか、

わたしたちは日ごとにその負債を増し加えています。

問14　それでは、単なる被造物である何かがわたしたちのために償えるのですか。

答　いいえ、できません。なぜなら、

第一に、神は人間が犯した罪の罰を
他の被造物に加えようとはなさらないからです。
第二に、単なる被造物では、
罪に対する神の永遠の怒りの重荷に耐え、
かつ他のものをそこから救うことなどできないからです。

問15 それでは、わたしたちは
どのような仲保者《ちゅうほしゃ》また救い主を求めるべきなのですか。

答 まことの、ただしい人間であると同時に、
あらゆる被造物にまさって力ある方、
すなわち、まことの神でもあられるお方です。

神に対する罪への「完全な償い」(問12)。それが、神のもとへと戻るための条件でした。けれども、わたしたち人間にそもそも償うことなどできるのでしょうか。これが今回の大きなテーマです。まず「自分自身」ではどうでしょう。残念ながらそれは無理です。なぜなら、わたしたちは過去に犯した罪の負債を返せないばかりか、今も「日ごとにその負債を増し加えて」いるからです。雪だるま式に増えていくわたしの負債の大きさに圧倒されるばかりです。

それでは何か他のものによって償うことが可能でしょうか。確かに旧約聖書にはわたしたち人間

の罪を償うための〝いけにえ〟について、数多くの規定が記されています。けれども、「単なる被造物」にすぎないものが創造者の義を満たすことができないことは、旧約聖書そのものが繰り返し教えていました。「主が喜ばれるのは焼き尽くす献げ物やいけにえであろうか」(サムエル上一五22。他にも詩編四〇7、五〇18、イザヤ一11、エレミヤ六20、ホセア六6等を参照)。「雄牛や雄山羊の血は、罪を取り除くことができないからです」(ヘブライ一〇4)。

そもそも罪を犯したのは人間です。「人間が犯した罪の罰を他の被造物に加え」ることで、神が満足するはずもありません。「神の求めるいけにえは打ち砕かれた霊」(詩編五一19)なのです。人をお造りになった神が、あくまでも人間自身からの償いを求めるのは当然でしょう。

しかし、「主よ、あなたが罪をすべて心に留められるなら/主よ、誰が耐えましょう」(詩編一三〇3)、「誰が燃える御怒りに立ち向かいえようか。主の憤りが火のように注がれると岩も御前に打ち砕かれる」のですから(ナホム一6)。人間であれ動物であれ、「単なる被造物では、**罪に対する神の永遠の怒りの重荷に耐え、かつ他のものをそこから救うことなど**(悲しいかな)**できない**」のです。

考えてみれば、神に対する「完全な」償いとは「御自身の義が満たされる」(問12)償いということですから、神御自身が納得の行くようなかたちでなければならないということです。ということは、神と等しい方が、否、神御自身が成し遂げてくださらない限り満たされることはない、ということではありませんか!

「それでは、わたしたちはどのような仲保者また救い主を求めるべきなのですか」?

〝仲保者〟という言葉は日常語ではありません。近い言葉では「仲介者」や「仲裁者」という言い方があります。けれども、わたしたちに必要なのはそのいずれでもありません。たんに中に入って取り次いだり、争いごとを調停してくれる第三者的な人物を求めているのではないのです。

わたしたちに必要なのは〝償い〟です。わたしたちの罪を身代わりとなって償ってくださり、今度こそ未来永劫にわたって神様との仲を保ってくださる〝仲保者〟が必要なのです。

それは「まことの、ただしい人間であると同時に、あらゆる被造物にまさって力ある方、すなわち、まことの神でもあられるお方です」と『信仰問答』は答えます。確かにそうでしょう。神の義を満たすような〝仲保者〟がいるとすれば、そのような方以外には考えられないからです。

それにしても、〝償い〟とは何と重い言葉なのでしょうか。倒産した会社の借金を償うため、また他人様の命を奪った我が子の罪を償うために自ら命を絶つ人々がいます。あるいは、痛ましい事件で失われた家族の命の償いとして、犯人に対する死刑を求める遺族がいます。しかし、はたして〝償い〟とは何なのでしょう。何をすれば真の償いになるのでしょうか。

人間社会の悲惨は、罪を犯す側も犯される側も〝償う〟べき重荷を負って生きているという事実です。皆が自分の重荷に押しつぶされそうになりながら生きているのです。いったいどうすれば、いつになれば、わたしたち人間の心は晴れやかになるのでしょう。

「疲れた者、重荷を負う者は、だれでもわたしのもとに来なさい」(マタイ一一28)と聖書は語りかけます。あなたの重荷を降ろしなさい、と。その解決とはいったい何なのか、次回、学んでまいりましょう。

問16　なぜその方は、
まことの、ただしい人間でなければならないのですか。

答　なぜなら、神の義は、罪を犯した人間自身が
その罪を償うことを求めていますが、
自ら罪人であるような人が
他の人の償いをすることなどできないからです。

問17　なぜその方は、
同時にまことの神でなければならないのですか。

答　その方が、御自分の神性の力によって、
神の怒りの重荷をその人間性において耐え忍び、
わたしたちのために義と命とを獲得し、
それらを再びわたしたちに与えてくださるためです。

問18　それでは、まことの神であると同時に

まことのただしい人間でもある、
その仲保者とはいったいどなたですか。

答　わたしたちの主イエス・キリストです。
この方は、完全な贖いと義のために、
わたしたちに与えられているお方なのです。

罪の世界に沈んだわたしたち人間を、神の刑罰から救ってくださる「仲保者また救い主」がいるとすれば、それはどういう人でなければならないか。「まことの、ただしい人間であると同時に、あらゆる被造物にまさって力ある方、すなわち、まことの神でもあられるお方」(問15)。これ以外に可能性はない。それが答えでした。今回は、なぜそうなのか、そしてそれが誰なのかを学びます。

このようなやり取りは、少々くどいと感じられるかもしれません。けれども、これらの問いは、長いキリスト教の歴史の中で真剣に問われてきたことなのです。八百万《やおよろず》の神々や手軽な助けがいくらでもあるわたしたちにはよくわからないかもしれません。しかし、この世界と人間を創造された神がただ一人しかおられないとしたら、そこでは、この神に救われるか裁かれるか、どちらかしかありません。それゆえ、この神の御前に刑罰にしか値しない人間にとって、なお逃れる道があるかどうかは、この世界に生きることを許されるか否かという存在に深く関わる問いです。それだけに、どのような救い主でなければならないかは死活問題なのでした。

「なぜその方は、まことの、ただしい人間でなければならない」のでしょうか（問16）。神の義は、人間の罪の償いがただ人間によってのみ為されることを求めます。人間のようなものではなく、「まことの」人間でなければならない。人間の性質に染み付いた罪性を償うには、真の人間性を持った者でなければなりません（ヘブライ二14）。さらに言えば、罪がどんなに恐ろしく、どんなにわたしたちを苦しめ、人間がどんなにそれに対して無力かを、身をもって知った人でなければわたしたちの身代わりとは言えないでしょう。

しかし、罪を持っている人が他の罪を負うこともできません。「ただしい」とは、たんに品行方正な人間というだけではなく、「完全な」という意味です。全く罪のない、全くきよい、全くただしい人間です。なぜか。借金を抱えている人が他の人の借金を負うことはできないからです。他の重荷を負うためには、自らは負っていない人でなければなりません（ヘブライ七26－27）。

さらに、人間であるだけでも、救い主にはなれません。「同時にまことの神」（問17）であることがどうしても必要でした。第一に、神の怒りの重荷を一身に負うことは人間には不可能だからです。しかも、第二に、ただ耐えるだけではなく「わたしたちのために義と命とを獲得し、それらを再びわたしたちに与えてくださる」こと。わたしたち一人一人に人間本来のあるべき姿・輝くような命を回復してくださること。一言で言えば〝救い〟を与えてくださること、これは神のみができることです。およそ人間に命を与えうるのは、神のみだからです。したがって、わたしたちと神を和解させる仲保者は、どうしても「まことの神であると同時にまことのただしい人間でもある」方でなければなりません。

ここに至って『信仰問答』は、その救い主こそが「わたしたちの主イエス・キリスト」であることを高らかに宣言します（問18）。もちろん、事柄は逆なのです。イエス・キリストがこの世に来られ、そのすべての御業を示されて初めて、人間は想像を絶する神の救いを知らされたのでした。

このような救い主を人間は思いつきもしませんでした。そもそも神の存在さえも信じられないような罪人なのですから。それにもかかわらず、神の愛の何たるかも知らない時に、「神がわたしたちを愛して、わたしたちの罪を償ういけにえとして、御子をお遣わしになりました」（Ⅰヨハネ四10）。ここに愛があります！　滅んで当然のわたしたちを救うために、そこまでなさる神の愛が現されたのです。

「いまだかつて、神を見た者はいない。父のふところにいる独り子である神、この方が神を示されたのである」（ヨハネ一18）。この方こそが「わたしたちに与えられている」救い主です。まさにクリスマスの贈り物としてわたしたちに与えられたお方です。もう救いをどこかに探す必要はありません。絶望して天を仰ぐ必要も、命を絶つ必要もありません。あのクリスマスの夜から、この方があなたの、そして全世界の救いの光となったからです！

問19　あなたはそのことを何によって知るのですか。

答　聖なる福音によってです。
　それを神は自ら、まず楽園で啓示し、
　　その後、聖なる族長たちや預言者たちを通して宣べ伝え、
　　律法による犠牲や他の儀式によって予表し、
　　御自身の愛する御子によってついに成就なさいました。

わたしたちを滅びの底から救ってくださる方がおられる。それは主イエス・キリストというお方であると『信仰問答』は高らかに宣言しました。この方こそが、わたしたちの完全な救いのために「与えられているお方」なのでした（問18）。さて、そんなにすばらしいわたしたちの救いについて、どうすればもっと詳しくわかるのでしょう。「何によって知る」ことができるでしょうか。

〝Jesus loves me, this I know. For the Bible tells me so〟という、昔から日曜学校などでよく歌われてきた賛美歌があります。日本では「主われを愛す」として広く知られています。この出だしを文字通り訳すと「イエス様がわたしを愛してくださっていると、わたしは知っています。聖書がわたしにそう告げているからです」となるでしょうか。

イエス様のすばらしい救いは聖書を読めばわかる。これが一番単純でわかりやすい答えでしょう。けれども、『信仰問答』は、もう一歩踏み込んで「聖なる福音によって」と答えます。「福音」によって。イエス様の愛を告げる飛び上がるほど嬉しい知らせ、すなわち〝ゴスペル〟によってである

と言うのです。

およすべての文書がそうであるように、聖書という書物もまた、読みようによってはいろいろな読み方ができてしまいます。荒野で誘惑を受けたイエスの話では、悪魔でさえも「聖書」を引用しています（マタイ四6）。また、聖書によらない異端もありません。ですから、ただ聖書を持っているというだけでは、実は何の保障にもなりません。問題は、聖書をどう読むかということです。

その意味で、この問19の答えは短いですが非常に大切です。聖書は「福音」として読まれなければならない。新約聖書には四つの「福音書」がありますが、それだけではない。聖書全体を、旧約聖書も新約聖書も、聖書丸ごとを「福音」として読まなければその心はわからないと喝破しているのです。

聖書はよく神からのラブレターと言われますが、全くその通りだと思います。わたしたちが勝手に考え出した文書ではありません。神が御自分の思い、わたしたちに対する愛を「自ら」伝えようとして生まれた書物です。ですから、（たとい途中にいろいろ書かれていても）全体として神の愛が伝わらなくては、読み間違えてしまうことになるのです。

「あなたたちは聖書の中に永遠の命があると考えて、聖書を研究している。ところが、聖書はわたしについて証しをするものだ」（ヨハネ五39）とイエスはおっしゃいました。また、復活なさった時、「モーセとすべての預言書から始めて、聖書全体にわたり、御自分について書かれていることを説明」なさいました（ルカ二四27）。実に「神は、かつて預言者たちによって、多くのかたちで、また多くのしかたで先祖に語られたが、この終わりの時代には、御子によってわたしたちに語られ」ました(ヘブライ一1-2)。

永遠の神の御子であられるイエスこそが、神の愛そのものです。それで、このイエスが現れなさった時、まるで磁石に引き寄せられるように聖書のすべてがイエスについて、あるいはイエスに向けて書かれていたことが明らかにされたのでした。

聖なる福音は、人間が堕落したあの楽園においてすでに語られておりました。人間を誘惑して悲惨へと突き落とした〝蛇＝悪魔〟を粉砕する者がやがて女の末から現れる(創世三15とガラテヤ四4を比較)。地上のすべての民に祝福をもたらす者がアブラハムとダビデの子孫から生まれると族長や預言者たちは繰り返し宣べ伝え(創世二二18、サムエル下七12以下とマタイ一1を比較)、旧約聖書に教えられる数々の犠牲や儀式もまた十字架上でのイエスの犠牲を象徴的に指し示していました(コロサイ二17、ヘブライ一〇10)。

聖書の細部を読み解くことは、必ずしも容易ではありません。けれども、大切なことは、この書物の心を理解することです。わたしたちを愛して止まない神様からのメッセージをしっかり受け止めることです。聖書66巻を初めから終わりまで流れる「福音」に耳を傾けることです。

長い長い時間をかけ、ゆっくりと神は御心を表されました。その神の「福音」の歴史の中に、あなたもまた生きているのです!

まことの信仰・使徒信条

問20　それでは、
アダムを通してすべての人が堕落したのと同様に、
キリストを通してすべての人が救われるのですか。

答　いいえ。
まことの信仰によってこの方と一つになり、
そのすべての恵みを受け入れる人だけが救われるのです。

問21　まことの信仰とは何ですか。

答　それは、神が御言葉において
わたしたちに啓示されたことすべてを
わたしが真実であると確信する、
その確かな認識のことだけでなく、
福音を通して聖霊がわたしのうちに起こしてくださる、
心からの信頼のことでもあります。

それによって、他の人々のみならずこのわたしにも、
罪の赦しと永遠の義と救いとが神から与えられるのです。
それは全く恵みにより、ただキリストの功績によるものです。

人間は始祖アダムを通して堕落して以来、すべての人が悲惨のうちにあること。そして、すべての人の救いはただイエス・キリストを通してのみ成し遂げられることを学びました。さてそれでは、キリストを通して文字通り「すべての人が」救われるのか。それが今回の問いです。

「神は、すべての人々が救われて真理を知るようになることを望んでおられます」（Ⅰテモテ二4）。神は御自分のお造りになった人間が滅びることを決してお望みにはなりません（ヨナ四10－11参照）。それにもかかわらず、すべての人が〝自動的に〟救われるわけではない、というのが聖書の教えです。「まことの信仰によってこの方（キリスト）と一つになり、そのすべての恵みを受け入れる人だけ」なのです。

このことは何か神の大きな愛と矛盾する、あるいは不公平だと感じるかもしれません。けれども、よく考えてみますと決してそうではないことに気づくでしょう。ちょうどアダムがロボットではなく、自分の意志を持つ人格的存在だったために堕落したように、救いもまた自動的に与えられるものではありません。何の関心もない人が、誰かれかまわずエスカレーターで運ばれるように救われるわけではないのです。

確かに、主イエスの救いはすべての人に、何の差別もなく無償で提供されます。けれどもそれは、安っぽいポケットティッシュのようなものではなかったはずです。独り子の命を犠牲にしてまでもわたしたちを救おうとされる計り知れない神の愛のプレゼントです。そうであればこそ、このプレゼントを大切に受け取ってくれる人の〝心〟が求められるのです。その人の心がキリストと「一つに」なって初めて、愛は伝わるものだからです。

それで、その心は「**まことの信仰**」と呼ばれています。『信仰問答』は、この信仰に二つの面があると教えています。御言葉に基づく「**確かな認識**」と「**心からの信頼**」です。わたしたちが神の救いのプレゼントを正しく受け入れるためには、この二つがどうしても必要だと言います。

第一に、プレゼントの意味を知る必要があるからです。聖書の教える信仰は、〝鰯の頭も信心〟といったものではありません。それが何のためか、どれほどの思いが込められたものなのかを知ることです。「まことの信仰」は、わたしたちの勝手な思い込みであってはなりません。神が知らせようとなさっているメッセージを正しく受け止めることです。神様からのラブレターである聖書を読む・聞く・学ぶ・黙想する・心に蓄える。そのようにして、わたしたちは、聖書に書かれている事柄がたんにありうるか否かというだけではなく「**真実である**」との確信へと、導かれていくのです。

第二に、その確信は、ほとんど同時に聖書の真の著者であられる神御自身への「信頼」へとわたしたちを導きます。聖書の言葉を信じるとは、究極的に、その言葉を語っておられる神を信頼することにほかならないからです。

全知全能の創造者なる神がこんなちっぽけな「わたし」を救うために御子をさえ犠牲にされたと、聖書は語ります。その「福音」が、ある日、本当に喜ばしい音信として受け止められる時が訪れます。「神がおられるとは本当だった。イエスという方は本当にわたしのために十字架にかかってくださったのだ！」と信じられる時が来るのです。その時、神が用意してくださっていた「罪の赦しと永遠の義と救い」のプレゼントは、真に「わたし」のものとして与えられます。

これは本当に不思議なことです。どんな無神論者でも、ある時、絶対的な神の存在への信仰に導かれることがあります。主イエス・キリストの十字架の前にひざまずくことがあるのです。これはとても人間の業とは言えません。まさに「聖霊がわたしのうちに起こしてくださる」一つの奇跡です。

わたしたちは崖を上るようにして救いをつかみ取るのではありません。善い行いの報いとして救われるのでもありません。「それは全く恵みにより、ただキリストの功績によるものです」。自分の力ではない。ただ全能の神が、一方的にわたしを救ってくださった。救われた者は皆そのように告白します。そして、それは真実なのです（エフェソ二8－9）。

問22　それでは、キリスト者が信じるべきこととは何ですか。

答　福音においてわたしたちに約束されていることすべてです。
　　わたしたちの公同の疑いなきキリスト教信仰の箇条が、
　　　それを要約して教えています。
問23　それはどのようなものですか。
答　我は天地の造り主、全能の父なる神を信ず。
　　我はその独り子、我らの主、イエス・キリストを信ず。
　　　主は聖霊によりてやどり、
　　処女《おとめ》マリヤより生まれ、
　　ポンテオ・ピラトのもとに苦しみを受け、
　　十字架につけられ、
　　死にて葬られ、
　　陰府《よみ》にくだり、
　　三日目に死人のうちよりよみがえり、
　　天にのぼり、
　　全能の父なる神の右に座したまえり、
　　かしこより来《きた》りて生ける者と死ねる者とを審きたまわん。
　　我は聖霊を信ず、聖なる公同の教会、聖徒の交わり、

罪のゆるし、身体《からだ》のよみがえり、永遠《とこしえ》の命を信ず。

『聖書』は、日本でもベストセラーの一つです。そればかりか、キリスト教に対する関心も高く、町のカルチャーセンターでも聖書やキリスト教に関する講座には人が集まります。ところが、キリスト教会が教えていることや教会の書物となると敬遠されがちなのはなぜでしょうか。得体の知れない〝教会〟に対するアレルギーなのかもしれません。

しかし、よく考えてみると、おかしな話です。なぜなら、聖書が書かれたのも今日に至るまで保存され続けてきたのも、教会があってこそだからです。聖書の根幹は、神が成し遂げられた歴史的な出来事と御自分の民に対してお語りになった言葉です。その神のみを真の神とし、その言葉のみを真に人を生かす命の言葉と信じた人々によって、聖書は書き記されました。

さらに、コピーやコンピューターのない時代、文書は一文字一文字手で書かねば残りませんでした。ですから、およそ時代を超えて残っている書物は、残す価値があるからこそ残されたのであって、そうでないものは消え去っていきました。まして聖書は、数々の迫害の中で、命がけで守られ残されてきた書物です。なぜそこまでして聖書は残されたのか、教会が命をかけて信じまた守ろうとしたのは何だったのか、好むと好まざるとに関わらず、わたしたちは耳を傾けねばならないでしょう。

ですから、たとい聖書を自分で読んで自分なりの信仰を持ったとしても、それで「キリスト者」

になるわけでは必ずしもありません。なぜなら、キリスト者とは、主イエス・キリストと結ばれ、その御言葉に生きてきた共同体（＝キリスト教会）に連なることでもあるからです。そこには、主イエス・キリストがお語りになり使徒たちが伝えた教え、キリストの民たちが連綿と受け継いできた信仰があります。その信仰を抜きにして、自己流で聖書を読んだとしても、正しく理解することはできません（Ⅱペトロ一20－21）。少なくとも、聖書本来の目的にかなった読み方はできないでしょう。キリスト者には、ですから、自己流の信仰ではなく「信じるべきこと」があるのです。

それでは、何を信じればよいのでしょう。それは「**福音においてわたしたちに約束されていること すべて**」だと、『信仰問答』は教えます。神は無駄なことをお語りにはなりませんから、わたしたち人間にとって無くてはならない言葉すべてが聖書に残されているはずです。そして、その中心は、わたしたち罪人を救おうとなさる神の福音の約束です（問19参照）。わたしたちは、その約束のすべてを一言も地に落とすことなく受け止めねばなりません。

しかし、「**すべて**」ということであれば、何も言っていないのと同じかもしれません。確かに聖書はそのすべてを受け入れる必要がありますが、同時に教会はそれを簡潔に要約して教えてきました。初心者でも暗記できるほどの長さで、福音の要諦を網羅しようとしてきたのです。その最も有名なものが、問23の答えに記されている「使徒信条」として知られている文章です。

この文章は「**わたしたちの公同の疑いなきキリスト教信仰の箇条**」と言われます。「公同の」とは普遍的（カトリック）ということ。つまり、プロテスタントであれローマ・カトリックであれ、およそキリスト教会であれば普遍的に信じ受け入れられてきた信仰の箇条（信条）ということです。同様の文章には、他にもニケア（ニカイア）信条やアタナシウス信条と呼ばれるものがあります（カルケドン信条を加えることもあります）。これらはキリスト教会が飛躍的に拡大した古代において、教会一致のシンボルとして作られた告白文です。

わけても「使徒信条（Apostles' Creed）」は、〝使徒たちの信条〟と言われるように、十二使徒が全世界に福音を伝えに行く際に共通の福音を語ろうとしてまとめたものと言われます。もちろん、これは伝説ですが、内容的には主キリストの使徒たちによって記された福音の約束全体の根幹をなす事柄を網羅しており、古代教会における洗礼式文がもとになっていると考えられています。まさに「キリスト者」になろうとする者が、この「信じるべきこと」を告白して生み出されたというわけです。

ここからはしばらく、この信条の言葉に導かれながら、聖書の福音の真髄を御一緒に学んでまいりましょう。

問24　これらの箇条はどのように分けられますか。

答　三つに分けられます。

第一に、父なる神と、わたしたちの創造について、

第二に、子なる神と、わたしたちの贖いについて、
第三に、聖霊なる神と、わたしたちの聖化についてです。

問25　ただ一人の神がおられるだけなのに、
なぜあなたは父、子、聖霊と三通りに呼ぶのですか。

答　それは、神が御自身についてそのように、すなわち、
これら三つの位格が唯一まことの永遠の神であると、
その御言葉において啓示なさったからです。

聖書は、いわば神が命がけでお示しになった遺言書（Testament）であり、約束の書です。そのような聖書の福音において約束されていることすべての要約（問22）が、〝使徒信条〟と呼ばれる信仰告白文なのでした（問23）。よく御覧になるとわかるとおり、この使徒信条は大きく三つに分けることができます。「父なる神」と「子なる神」と「聖霊なる神」を信ず、とあるとおりです。聖書の約束とは、このような神の御業全体のことです。

さらに『信仰問答』は、この神の御業をたんに創造・贖い・聖化と述べるだけでなく、「わたしたちの」という言葉を付けています。もし神の業が自分とは何の関係もないものだとしたら、たといそれがどんなにすばらしくとも決して福音とはならないでしょう。しかし、父なる神による業は、たんに宇宙や自然をお造りになっただけではない、永遠の御計画と愛に満ちた配慮とによる「わた

したちの創造」なのです。子なる神が十字架上で御自身を犠牲にされたのは何か別の目的ではない、「わたしたちの贖い」のためです。そして、聖霊なる神が罪を洗い清めて新たにしてくださるのも、誰か特別な人たちに対してなのではない、「わたしたちの聖化」のためなのです。

神はわたしたちをこの世に誕生させる必要もなければ、自業自得で罪に沈んだわたしたちを救う義務もありませんでした。まして、わざわざわたしたちの罪を洗い清めて造り直す必要などどこにもないのです。にもかかわらず、父と子と聖霊なる神は、そのようにしてくださった。それは、「わたしたち」を神が愛してくださったからです（Ⅰヨハネ四10）。これが、聖書の約束の言葉であり福音です。

この約束をくださる神への信頼に導かれた時、人はこの方（父・子・聖霊）の御名によって洗礼を受けます（マタイ二八19）。洗礼とは、この父・子・聖霊なる神に自分自身を委ねることにほかなりません。そして、その中に憩うことが〝ただ一つの慰め〟であると、わたしたちは学んだのでした。事実、問24の答えは、問1で述べられた父・子・聖霊の御業の要約になっています。聖書の約束も福音も、わたしたちの〝慰め〟もまた、三重のものです。それは、聖書が証言する神の存在そのものが、父と子と聖霊と三つに言われるからです。

それにしても、神はただお一人（申命六4）のはずなのに、なぜ父・子・聖霊と三通りに呼ばれるのでしょう。御存知のとおり、これが、キリスト教において根本的に重要かつ最も説明の難しい〝三位一体〟と呼ばれる教理です。父・子・聖霊という三つの「位格（ペルソナ）」がありながら「唯一まことの永遠の神」であるという、人間の頭では理解し難い聖書の教理です。『信仰問答』は、この不可思議な教えを実にシンプルに「神が御自身について……御言葉において啓示なさったから」と述べています。これは実に賢明な答えだと思います。神御自身が、聖書においてそのように自己紹介なさった。これ以外に説明の仕様がないのです。その人がどういう人か、その人自身が自己紹介をする。たといそれがどんなにおかしくて理屈に合わなくとも、わたしたちとしてはそれを受け止める以外にありません。啓示とは、そういうものです。三位一体は、神の自己啓示なのです。

しかしながら、この三位一体が含蓄している事柄は、実に深いと思われます。昔の神学者たちは、この三位一体の教理を自然や人間の成り立ちとの類比で説明しようとしました（例えば、精神・知・愛）。被造世界には創造者なる神の御性質が刻まれているはずだと信じたからです。

さらに、「一」という数字は一つの焦点に向かって収斂していく、そのような方向性を持つ数字です。逆に、「三」とは、広がりや豊かさを示す数字と言えるでしょう。聖書が証言する神というお方は、唯一の神でありながら同時に三の神である。根源的でありながら限りなく豊かである。一致と調和を志向しながら、あらゆる多様性をも包含する。そのような性質を持つお方です。

だからこそ、この神を聖書を通して深く知り信じていくことは、ただ一人の神へと向かう一途な姿勢と同時に、自分とは異なる人々をどこまでも包み込んでいく愛の心へと導かれるのです。

父なる神について

問26　「我は天地の造り主、全能の父なる神を信ず」と唱える時、
あなたは何を信じているのですか。

答　天と地とその中にあるすべてのものを無から創造され、
それらを永遠の熟慮と摂理とによって
今も保ち支配しておられる、
わたしたちの主イエス・キリストの永遠の御父が、
御子キリストのゆえに、
わたしの神またわたしの父であられる、
ということです。
わたしはこの方により頼んでいますので、
この方が体と魂に必要なものすべてを
わたしに備えてくださること、
また、たとえこの涙の谷間へ

いかなる災いを下されたとしても、
それらをわたしのために益としてくださることを、
信じて疑わないのです。
なぜなら、この方は、
全能の神としてそのことがおできになるばかりか、
真実な父としてそれを望んでもおられるからです。

天地創造は、聖書のすべての教えの土台となる最も根本的な教えの一つです。想像を絶する神の壮大な御業を、聖書はさまざまに語っています（詩編一九編、一〇四編、ヨブ三八－四一章）。しかし、何と言っても印象的なのは、最初のページ（創世一章）に描かれる創造記事でしょう。混沌とした闇に響く「光あれ」との神の言葉によって始められる創造の業、これが「無から」の創造です。このようにして世界は、ただ神の御命令によって造られたというのが聖書の教えです。

古代から伝わるいわゆる創造神話では、世界と神々との一体性・連続性がしばしば語られます。自然そのものに神が宿ると信じられているからです。けれども、聖書は違います。無の状態から、ただ神の言葉によって万物は創造されました。そこには連続性はありません。創造者なる神と被造物との間には、絶対的な隔たり・無限の淵・越えられない一線があるのです。被造物はあくまでも造られたものであって、造った方と同じになることはできません（イザヤ四五9）。逆に言えば、被造物は創造者の許しなしに存在することはできない、ということです。

もう一つ、御言葉による創造から教えられるのは、この世界には意味があるということです。〝言葉による〟とは、神の意志に基づいて造られたということにほかなりません。聖書の創造物語が伝えようとしているのは、宇宙の生成についての解説ではなく、万物が神の意志によって成っており、それゆえにそこに起こる一切の出来事もまた神の意志による、ということなのです。

もし世界が偶然にできたのなら、起こりくるすべてのこともまた偶然です。わたしたちはただ偶然に身を任せて生きるほかなく、生きる意味を問うこともまた無益でしょう。世界はただ無意味な偶然の連続の産物なのですから。しかし、聖書は、そうではないと告げています。世界は神の意志によって造られたのだ、と。そうだとすれば、起こりくるすべてのこともまた神の意志によるのです。実に神は、万物を「永遠の熟慮と摂理とによって今も保ち支配しておられる」方だと言われているとおりです。けれども今回の問答の中心は、この創造主である方が「御子キリストのゆえに、わたしの神またわたしの父であられる」という点にこそあります。

わたしが母の胎内に造られたのは、偶然ではない。わたしが生まれて今日まで生きてきたのは天の父の「熟慮と摂理」による。わたしには、そして、この世界には意味がある！　造り主なる神を「わたしの神またわたしの父」として信じるとは、そういうことです。

天の父は、無力なわたしたちの「体と魂に必要なものすべて」を備えてくださいます。空の鳥・野の花にまさって、わたしたちを心にかけてくださるからです（マタイ六25－34）。さらに、わたしたちが本当に人間らしく、また神の御心にかなう者として成長するために必要なこともすべてです。けれどもそれは、いつもわたしたちにとって快いものとはかぎりません。

たとい「涙の谷間」のような〝悩み多い生涯〟（ラテン語訳）を生きねばならなくとも、それでもそこに天の父の熟慮がある限り、必ず「わたしのために益としてくださることを、信じて疑わないのです」。

なぜそこまで信じられるのでしょうか。それはこの方が「全能の神」であられるのと同時に、「真実な父」でもあられるからです。神にとって、不可能なことはありません。そして、その方が「真実な父」として意志される以上、必ずそうなるのです。たといそれがわたしにとってつらい訓練になることがあっても、決して無駄になることはない。それが父なる神への信頼です。

神の全能性の教理は、通常、天地万物を創造なさった力強い御業について言われる教えです。しかし、『信仰問答』はむしろ、「わたしのためにくださる」神の全能性の告白としています。御子イエス・キリストの贖いのゆえに「わたしのために益としてくださる」となってくださった方が、まるで子煩悩な父親のように、ひたすら御自分の子どもたちのために全力を尽くしてくださるというのです。

創造主なる全能の神が「父」であるとは、何という幸いなのでしょう！

問27　神の摂理について、あなたは何を理解していますか。

答　全能かつ現実の、神の力です。
それによって神は天と地とすべての被造物を、
いわばその御手をもって
今なお保ちまた支配しておられるので、
木の葉も草も、雨もひでりも、豊作の年も不作の年も、
食べ物も飲み物も、健康も病も、富も貧困も、
すべてが偶然によることなく、
父親らしい御手によって
わたしたちにもたらされるのです。

問28　神の創造と摂理を知ることによって、
わたしたちはどのような益を受けますか。

答　わたしたちが逆境においては忍耐強く、
順境においては感謝し、
将来については
わたしたちの真実な父なる神をかたく信じ、
どんな被造物も
この方の愛からわたしたちを引き離すことはできないと

確信できるようになる、ということです。
なぜなら、あらゆる被造物はこの方の御手の中にあるので、
御心によらないでは
動くことも動かされることもできないからです。

天地の造り主である方が「わたしの父」でもあられることを学びました。この方は万物を創造なさったばかりでなく「それらを永遠の熟慮と摂理とによって今も保ち支配しておられる」神です(問26)。さて、それではこの「摂理」とは何でしょうか。わたしの父であられる方は、いったい何をしてくださるというのでしょう。

摂理とは「全能かつ現実の、神の力」だと『信仰問答』は定義します。およそ真の神がなさることはすべて、わたしたち人間などには思いも及ばない「全能」の御業でしょう。しかし、神の摂理は、全能の神の業であるだけでなく「現実の」力だと言うのです。「現実の」とは、わたしたちが日々目にし感じることのできる、ということです。ラテン語訳では「いずこにも現在する」となっています。昔々にではなく、また何か奇跡的な出来事においてのみ見られるものでもなく、毎日どこでも見ることのできる神の御業、それが摂理です。

具体的には「木の葉も草も、雨もひでりも、豊作の年も不作の年も、食べ物も飲み物も、健康も病も、富も貧困も」すべてが神の摂理の業だということです。四季折々の自然界の営みに始まり、

毎日のお天気や田畑の様子、日々の食卓からわたしたち自身の健康や家計の状態に至るまで、わたしたちの身の周りで起こる「すべてが偶然によることなく」もたらされるのです。

摂理を英語で“providence”と言います。この言葉は「前（pro）」と「見る（video）」が合わさってできた言葉です。つまり、摂理とは「前を見ること」です。わたしたちではなく、神が前を見ていてくださる。わたしたちに必要なことをあらかじめ見て備えてくださる。それが摂理です。わたしたちは先が見えないためにすべてが偶然のように見えますが、神は先を見ておられます。

しかも「父親らしい御手によって」すべてはもたらされる。父の手は、子どもの将来を見据えて働きます。子どもたちに良いものを与えようと懸命になって働きます。時に父の手は、子どもの行く手を阻みます。危険を見てとり、そっちへ行ってはいけないと厳しく押し止めます。それでも父の大きな手は子どもを優しくしっかりと抱きしめます。父親らしい御手とは、そのような天の父の「熟慮と意志」（ラテン語訳）にほかなりません。

さて、そのような父の御手による創造と摂理の御業は、わたしたちにどのような信仰の「益」をもたらすのでしょう。『信仰問答』は、三つのことを挙げています。

第一に、「逆境においては忍耐強く」なることです。いくつもの逆境や自分自身の弱さと直面しながらも、父の愛に支えられ続けた使徒パウロは「苦難は忍耐を、忍耐は練達を、練達は希望を生む」ことを学びました（ロマ五3－4）。自己中心でわがままな罪人にとって、思い通りにならない経験をすることは大切です。忍耐することの中で人は謙遜にされ、御父への信頼を学ぶからです。

そのようにして、第二に、「順境においては感謝」する心も生まれてくるのでしょう。悲しみだけでは人間はつぶれてしまいます。苦悩を突き破るような歓喜の時にはもちろん、平凡でも穏やかな日常に感謝することで、天の父への信頼はいっそう深められていくはずです。

そして第三に、このようにして培われた現実に働く父の御業への信頼は、やがて「どんな被造物もこの方の愛からわたしたちを引き離すことはできない」という将来にわたる確信へとわたしたちを導きます。これも先ほどのパウロの言葉です（ローマ八38－39）。万物を超えた神の不動の力と愛への信頼の言葉です。

旧約聖書のヨブ記という書物には、この世の悲惨をつかさどるサタンでさえ、神の許しがなければ何もできないと記されています（一6－12）。まして「あらゆる被造物はこの方の御手の中にあるので、御心によらないでは動くことも動かされることもできない」のです。出口の見えない苦しみの中で悶々とした日々を過ごしている時にも、あるいは木の葉のように右に左にわたしたちの心が揺れ動く時にも、万事はわたしたちの父の絶対的な御支配のもとにコントロールされています。

創造と摂理の御業をとおして、わたしたちはそのような〝父〟を知っていくのです。

子なる神について

問29　なぜ神の御子は「イエス」すなわち「救済者」と
呼ばれるのですか。

答　それは、この方がわたしたちを
わたしたちの罪から救ってくださるからであり、
唯一の救いをほかの誰かに求めたり、
ましてや見出すことなどできないからです。

問30　それでは、自分の幸福や救いを
聖人や自分自身やほかのどこかに求めている人々は、
唯一の救済者イエスを信じていると言えますか。

答　いいえ。
たとえ彼らがこの方を誇っていたとしても、
その行いにおいて、
彼らは唯一の救済者また救い主であられるイエスを
否定しているのです。
なぜなら、イエスが完全な救い主ではないとするか、
そうでなければ、
この救い主を真実な信仰をもって受け入れ、

自分の救いに必要なことすべてを
この方のうちに持たねばならないか、
どちらかだからです。

使徒信条の第二項のテーマは〝子なる神とわたしたちの贖いについて〟です。イエス・キリストについて教えられる部分が最も長いのは、このことが聖書の信仰の中心かつ最も大切な事柄だからです。キリスト教は、まさにイエス・キリストにかかっています。他のことをどんなに詳しく知っていたとしても、この方について知らなければ、わたしたちの救いはありません。イエス・キリストについて深く知ることが根本的に重要なのです。

さて、まず取り上げられるのは、この方の名前についてです。出産が近づくと親は辞書と首引きで名前を考えます。ユダヤでも名前に特別の意味が込められることがありました。「イエス」という名前は、もともとユダヤの言葉で〝ヨシュア（主は救い）〟という名前をギリシア語に音訳したものです。ヨシュアと言えば、あの有名なモーセの後継者です。おそらくは、親たちがエジプト脱出を経験したのでしょう。わたしたちを主がお救いくださった。その喜びをわが子の名に表現したのかもしれません。似たような名前は他にも聖書にたくさん出てきます。ですから、「イエス」という名は、決してめずらしい名ではないのです。

しかし、この方の場合は特別でした。父のヨセフや母マリアが名前を考える先に、天使が「その子をイエスと名付けなさい」と命じたからです（ルカ一31）。主の救いを現す子になってほしいという親の願いではなく、この者こそが真に主の救いを実現する者である、という神の意志・神の啓示として付けられました。ですから、この方の救いは、多くの中の一つではなく、神が成し遂げる「唯一の救い」です。それを「ほかの誰かに求めたり、ましてや見出すことなどでき」ません。

この「イエス」という名前を、日本のローマ・カトリック教会では長いこと〝イエズス〟と呼んできました。同じキリスト教会なのに呼び方が違ったのです。まるで別の救い主を信じているかのようでした。しかし、聖書をプロテスタントと共同で翻訳することになった時に、ローマ・カトリック教会はそれまでの呼び方をやめて「イエス」に統一することに賛成しました。これは本当に大きな決断であったろうと思います。非常な違和感を覚えたに違いありません。自分の救い主がどこかへ行ってしまったかのように感じたのではないでしょうか。それにもかかわらず、そう決断されたことに、わたしは深い感銘を覚えます。

それはたんなる言葉の問題ではなく、わたしたちにはただ一人の救い主がおられるだけだ、という真理を一致して表すためだったからです。当り前のように用いているこの呼び名を、わたしたちは今日改めて自覚的に「唯一の救い」を実現するお方という意味で用いなければなりません。「わたしたちが救われるべき名は、天下にこの名のほか、人間には与えられていないのです」（使徒四12）。

問30は、『信仰問答』が作られた当時の人々の誤りについて扱っています。当時の人々にとってイエスはまさに天上の存在で、手の届かない救い主でした。そのために、口先ではイエスを崇めていても、実際にはもっと手近な「救い」を手に入れようと、他のものにすがっていたのです。しかし、それは聖書の教えではない。わたしたちを救う名は教皇にも聖人にも、ましてわたしたち罪深い人間には与えられていない。主イエス以外のどこにも救いはないと『信仰問答』は主張しているわけです。

それでは今日、もはやこの問いは必要ないかというと、そうではないと思います。わたしたちが本当に「自分の救いに必要なことすべてをこの方のうちに」持っているかどうか、わたしの幸せをイエス以外に見出そうとしていないかと、絶えず問われる必要があります。

〝イエス様は信じているけれど、もっと他の幸せも〟と、わたしたちは欲張りだからです。しかし、わたしたちの真の幸福は神のもとにあるのですから、それを手近なもので満たすことなど不可能です。イエスこそわたしの唯一の救いだということに心を定めない限り、真の平安は得られないでしょう。むしろ、唯一の救いである主イエスに満足すればこそ、他のすべてはプラスの恵みとなるのです。

「わたしにつながっていなさい」と主は言われました(ヨハネ一五4)。この方にわたしたちが全幅の信頼を置くこと。置いて良いのだということ。それが、わたしたちにとっての福音なのです。

問31　なぜこの方は「キリスト」すなわち「油注がれた者」と呼ばれるのですか。

答　なぜなら、この方は父なる神から次のように任職され、
聖霊によって油注がれたからです。すなわち、
わたしたちの最高の預言者また教師として、
わたしたちの贖いに関する
神の隠された熟慮と御意志とを、
余すところなくわたしたちに啓示し、
わたしたちの唯一の大祭司として、
御自分の体による唯一の犠牲によってわたしたちを贖い、
御父の御前でわたしたちのために絶えず執り成し、
わたしたちの永遠の王として、
御自分の言葉と霊とによってわたしたちを治め、
獲得なさった贖いのもとに
わたしたちを守り保ってくださるのです。

「キリスト」という言葉は、イエスの姓でも名でもありません。あえて言えば職名（肩書）のよ

うなものです。吉田〝牧師〟と言うのと同じです。けれども、後には、ほとんど名前と同じくらい一体化した呼び名として定着しました。それほどまでに、イエスと言えばキリスト、キリストと言えばイエスなのです。それではこの「キリスト」とは、いったいどのような働きを指すのでしょうか。

「キリスト」という言葉はもとのギリシア語で〝Cristos〟（クリストス）と書きます。キリスト生誕を祝うクリスマスをX'masと書くのは、このギリシア語の頭文字を使っているためです。しかし、この言葉は、おそらく当時のギリシア人やローマ人など外国人にとってほとんど意味不明な言葉だったと思われます。「油注がれた者」という言葉だからです。何かの軟膏かポマードでも塗った人（？）と思われるのが関の山です。

実は、この「キリスト」というギリシア語は、ヘブライ語の「メシア（油注がれた者）」をそのまま翻訳した言葉です。イエス・キリストとは、イエスこそ「メシア」ということにほかなりません。この言葉は、しかし、ユダヤ人にとっては決して意味不明な言葉ではありませんでした。ユダヤにおいて「油を注ぐ」とは、神によって特別な職務に召された者という意味を持っていたからです。それはごく限られた預言者や祭司や王など、いわば神の代理者として働く人々に対してのみ施された儀式だったのです（出エジプト二八41、列王上一九16参照）。

そこからユダヤの人々は、預言者たちが約束した神の救いの実現をもたらす人物を「メシア」として待ち望むようになりました（ヨハネ四25）。「今日ダビデの町で、あなたがたのために救い主がお生まれになった。この方こそ主メシアである」とクリスマスの夜に天使が告げたのは、まさにこのことです（ルカ二11）。

しかし、イエスは、多くのメシアたちの一人なのではなく、神御自身によって任職され神によって力を与えられた唯一のメシアでした。イエスが洗礼をお受けになった時、天から降ってきた「聖霊によって油注がれ」、父なる神の御声によって任職されたからです（ルカ三21－22。イザヤ六一1も参照）。三位一体の神が一丸となって実現なさる救いのエージェントが、この方なのです。

イエスの働きを預言者・祭司・王という三つの働きから説明するのは、教会の古くからの伝統です。もちろん、神の大いなる救いの業をこれら三つだけでとらえることはできないかもしれません。しかし、旧約聖書における神の働き全体がイエスに流れ込んでいくことを理解するために、とても便利な分け方なので覚えておきましょう。

イエスは「最高の預言者また教師」です。預言者とは神の言葉を取り次ぐ人ですが、この方はたんに御言葉を伝えただけでなく、何より御自身が神の言葉そのものでした（ヨハネ一1－18）。わたしたちには隠されていた救いに関する神の「熟慮と御意志」とを、地上での生涯全体において体現され「余すところなく……啓示」なさったお方です。

第二に、イエスは「唯一の大祭司」です。旧約時代の祭司の働きは多様です。しかし、中でも大祭司と呼ばれる人の重要な務めは、年に一度雄牛の血を携えて神殿の至聖所に入って自分自身と民全体の罪の赦しを得ること、そして民全体のために神に執り成すことでした。イエスはそれを十字架上での「御自分の体による唯一の犠牲によって」成し遂げられたばかりか（ヘブライ九6－14）、今や神の右に座して「御父の御前でわたしたちのために絶えず執り成し」ておられる方なのです（ローマ八34）。

最後に、イエスは「永遠の王」であられます。ダビデやソロモンたちは武力や知恵にものを言わせてこの世の国を統治しましたが、この方は「御自分の言葉と霊とによって」神の国とその御民を永遠に治め、わたしたちが安心して救いの中に憩えるようにと、あらゆる敵から「守り保ってくださるのです」。

これら三つの働きは、過去・現在・未来にわたって同時並行的になされ続けています。それはただ、わたしたちのためです。永遠の神の御子は、預言者にも大祭司にも王にもなる必要などありませんでした。ただわたしたちを罪から完全に贖うためだけに「キリスト」になられたのです。

問32　しかし、なぜあなたが「キリスト」者と呼ばれるのですか。

答　なぜなら、わたしは信仰によってキリストの一部となり、
その油注ぎにあずかっているからです。
それは、わたしもまた
この方の御名を告白し、

生きた感謝の献げ物として自らをこの方に献げ、
この世においては自由な良心をもって罪や悪魔と戦い、
ついには全被造物をこの方と共に永遠に支配するためです。

「キリスト」とはヘブライ語の「メシア（油注がれた者）」の翻訳だと学びました。神によって特別な職務に召された者を表す用語です。イエスこそがまさに唯一絶対の「キリスト」なのでした。それでは「なぜあなたが『キリスト』者と呼ばれる」のか、それが問題です。

キリスト者＝クリスチャンという呼び名は、キリスト教会の歴史と共に古い呼び名です。イエスこそ真のメシアであることを伝えようとした弟子たちが、ギリシア語でみな口々に「クリストス、クリストス」と言っていた。それを耳にした人々は、何のことやら言葉の意味はわからなかったが、とにかく彼らは「キリスト」に属する者、「キリスト」派の連中だとあだ名を付けたというわけです（使徒一一26、二六28）。

悪意のあるあだ名は、決して嬉しいものではないでしょう。ところが弟子たちは、この呼び名を自分たちを指すのに相応しい呼び名として受け入れました。まさに自分たちこそがキリストに属する者であると。それどころか、「キリスト者」として苦しみを受けることを光栄とさえ考えたのでした（Ｉペトロ四16）。なぜなら、自分自身がキリストのものとなることこそ、彼らの〝ただ一つの慰め〟だったからです（問１）！

イエスをキリストと信じ、キリストの御名のもとに洗礼を受けた人は、キリスト教会の〝メンバー〟となります。しかし、英語の member とはたんに組織の会員というだけでなく、本来、体の一部分を指す言葉です。同様に、イエス・キリストを信じた人も、その「信仰によってキリストの一部」となるのです。

ヨハネによる福音書一五章にある〝ぶどうの木のたとえ〟のように、死んだような一本の枝にすぎなかったわたしがキリストという木につながり、その命にあずかることによって木の一部となる。それは、目には見えない聖霊という「油注ぎ」によるキリストとの生命的な交わりです（Ⅰヨハネ二27）。それによって、わたしたちは「今から後この方のために生きることを心から喜び、またそれにふさわしくなるように、整えても」いただくわけです（問1）。けれども、それは、決して自動的に起こることではありません。「キリスト者」という名を自ら背負って生きることに喜びを感じる「信仰によって」起こることなのです。

「キリスト者」の生活は、ちょうど主イエスが預言者であられたように、男も女も老いも若きも皆が「この方の御名を告白」し証しする生活です（使徒二17、一8）。また大祭司として、御自分の命を献げられたように、わたしたちもまたこの小さな体と人生を「生きた感謝の献げ物」として献げる献身としての生活を送ります（ローマ一二1）。そして、主イエス・キリストが神の国の王としてこの世で戦われたように、わたしたちもまた諸々の「罪や悪魔と戦」う生活に勤しみます（エフェソ六11）。これらは、何よりキリスト者一人一人が為す営みですが、キリスト教会全体に与えられた働きでもあります（エフェソ四11－13）。

キリスト者の生涯は、依然、戦いの生涯です。クリスチャンになったからといって一切の悩みや苦労から解放されるわけでは必ずしもありません。それにもかかわらず、それは深い喜びと平安に根ざした生涯なのです。『信仰問答』はキリスト者の戦いを「自由な良心をもって」と言っています。自由な良心とは、キリストの福音によって自由にされた心と言い換えてもよいでしょう。罪や悪魔の支配に打ち勝ち、死にも打ち勝たれた主イエスの勝利の福音によって自由にされた心をもって戦うのです（ヨハネ一六33）。イエス御自身がそうであられたように、わたしたちの戦いの武器はこの世のものではないからです（Ⅱコリント一〇4）。

わたしたちの心をすぐに支配しようとする不安や恐れや敵意に対して、キリストはすでに勝利なさったという確信と喜び。それがわたしたちの戦いの武器です。そして、この喜びを奪うものは、もはや存在しないのです（マタイ一〇28、ローマ八39）。

この世が過ぎ去ってキリストの御支配が完成する時、キリスト者はキリストと共に「永遠に支配する」者となります。それがキリストの名を負って生き抜いた者たちの栄光です。かつては辱めを受けた名が栄光に輝く瞬間です。

問33　わたしたちも神の子であるのに、

答　なぜこの方は神の「独り子」と呼ばれるのですか。
　なぜなら、キリストだけが
　　永遠からの本来の神の御子だからです。
　わたしたちはこの方のおかげで、
　　恵みによって神の子とされているのです。

問34　あなたはなぜこの方を「我らの主」と呼ぶのですか。
答　この方が、金や銀ではなく御自身の尊い血によって、
　　わたしたちを罪と悪魔のすべての力から解放し
　　また買い取ってくださり、
　　わたしたちの体も魂も
　すべてを御自分のものとしてくださったからです。

〝わたしは神だ〟と主張するような教祖には大きなクエスチョンマークが付きますが、「神の子」という言い方にはあまり抵抗感がないかもしれません。実際、パウロはギリシア詩人の言葉を引きながら「わたしたちは神の子孫」だとアテネの人々に語りかけています（使徒一七29）。けれども、パウロが伝えたかったのは（そんな言葉の綾ではなく）死者の中から復活したイエスにあって、わたしたちが本当に生ける真の神の子となることでした。

同様に『信仰問答』は、わたしたちが「神の子」であることを前提にして、なぜイエス・キリストが神の「独り子」と呼ばれるのかを問うています。そして「キリストだけが永遠からの本来の神の御子だから」と言うのです。「本来の」とは「本性上」ということで、神としての本来の御性質からして、この方だけが神の子と呼ばれる資格を持っておられるということです。

人間は神になることはできません。神から永遠に生まれた方だけが真の神であり、また神の子と呼ばれるにふさわしい方なのです。「いまだかつて、神を見た者はいない。父のふところにいる独り子である神、この方が神を示されたのである」(ヨハネ一18)。〝一人子〟ではなく「独り子」と表記されていることに御注意ください。この方だけが、ということです。

それにもかかわらず、わたしたちが「神の子」と呼ばれるのは、あくまでも「この方のおかげで、恵みによって」です。やがて詳しく学びますが、このイエスはわたしたちの身代わりとなって死んでくださった方です。御自分が持っておられた地位・名誉・栄光をすべてわたしたちに譲ってくださったのです。そうして父なる神もまた、あたかも御子を愛するようにわたしたちを愛してくださり、地上の親にまさって〝天の父〟となってくださいました(マタイ六32、七11)。これが救いの「恵み」です。

神から遠く離れて生きていた恩知らずなわたしが、主イエスのおかげで、今や幼子のように「アッバ、父よ」と呼びかけることができる者へと変えられました(ローマ八15)。それはただわたしたちが喜びと感謝にあふれるためです(Ⅰテサロニケ五16-18)。このような輝かしい恵みをくださった御父を、わたしたち神の子らが心を合わせて高らかにほめたたえるためです（エフェソ一6）。

この神の独り子であられるイエス・キリストを、わたしたちはまた「我らの主」と呼びます。これもまた独特な聖書の用語法でしょう。〝世帯主〟や〝株主〟などの言い方はあっても、単独で「主」と用いることはあまりないからです。

この「主（＝キュリオス）」という言葉は、旧約聖書で神の御名の言い換えとして用いられていた「主（＝アドナイ）」というヘブライ語に対応するギリシア語です。ですから、「イエスは主である」という告白は、イエスが神であるという告白にほかなりません（Ⅰコリント一二3）。さらに、この「主」には文字通り〝あるじ〟との意味もあります。「我らの主」とはイエスこそわたしたちの主人また主権者であるという意味でもあるのです。

罪と悪魔の奴隷であったわたしたちをイエスが「解放しまた買い取ってくださり、わたしたちの体も魂もすべてを御自分のものとして」くださいました（問1参照）。しかも金や銀のような朽ち果てるものによってではなく「御自分の尊い血によって」わたしたちを買い取ってくださいました（Ⅰペトロ一19）。滅びるしかないわたしたちを、御自分の命と同じほど価値あるものとみなしてくださったのです。

この方こそがわたしたちの「主」です。解放されたわたしたちは、再び自分勝手に生きたいとは願いません。罪の奴隷に舞い戻るのが落ちだからです。むしろイエスの僕《しもべ》として生きたい。わたしたちを愛してやまないイエスにわたしたちの「主」として誠心誠意お仕えしたい。

〝わたしたちの主／わたしの主〟という告白は、この方以外のものを主人にはしないということです。力をもって服従を強いようとする者たちに対して、この方以外の奴隷にはならないという意志表明です。わたしたち自身は情けないほどに弱い存在ですが「我らの主」があらゆる悪の力からわたしたちを守ってくださることでしょう。この方こそ、全能の神の「独り子」なのですから。

問35　「主は聖霊によりてやどり、処女《おとめ》マリヤより生まれ」とは、
　どういう意味ですか。

答　永遠の神の御子、
　すなわち、まことの永遠の神であり
　またあり続けるお方が、
　聖霊の働きによって、
　処女《おとめ》マリヤの肉と血とから
　まことの人間性をお取りになった、ということです。
　それは、御自身もまたダビデのまことの子孫となり、
　罪を別にしては
　すべての点で兄弟たちと同じようになるためでした。

問36　キリストの聖なる受胎と誕生によって、
あなたはどのような益を受けますか。

答　この方がわたしたちの仲保者であられ、
御自身の無罪性と完全なきよさとによって、
罪のうちにはらまれたわたしの罪を
神の御顔の前で覆ってくださる、
ということです。

新約聖書の最初には四つの福音書が置かれています。これらはすべてイエス・キリストの生涯について記された書物です。ところが、それをイエスの伝記だと思って読むと、期待を裏切られることになるでしょう。実際には、その生涯のすべてを記してはいないからです。しかも四つの福音書がそれぞれ違った著し方をしているため、いっそう混乱させられます。

多くの人は新約聖書の一頁目を開いてまず仰天します。聞いたこともないようなカタカナの名前がずらずら並んでいるからです。マタイによる福音書が書き記すイエスの系図です。また、イエスの誕生を伝えるのはマタイとルカの福音書だけで、マルコはいきなり三〇歳ぐらいのイエスから話を始めます。ヨハネは逆に永遠の世界から説き起こし「初めに言《ことば》があった」という神秘的なメッセージを語り告げます。

以上のように、福音書という書物は伝記ではありません。そもそもイエスの誕生を記すマタイやルカでさえ誕生後のことはほとんど記さず、マルコ同様、歳およそ三〇になったイエスの最後の三年間、とりわけ最後の七日間に集中しているからです。

福音書とは、一言で言えばイエスの生涯を通して現された〝福音〟を伝えようとする書物なのです。その生涯に起こった出来事を記すこと自体が目的ではなく、わたしたちに福音をもたらした出来事を伝えようとしている書物です。

わたしたちが学んでいる使徒信条という信仰の箇条が「主は聖霊によりてやどり、処女マリヤより生まれ」と記した後、いきなり「ポンテオ・ピラトのもとに苦しみを受け」と飛んでしまっているのもそのためです。イエスの御生涯の中でも、とりわけわたしたちの救いにとって不可欠な出来事のみを取り上げているのです。

イエスの誕生を記すクリスマス物語は、結婚前の田舎娘マリアへの受胎告知という衝撃的な出来事から始まります。男との関係を持っていないマリアに、天使は、聖霊による神の子の受胎を告げます。やがてその御告げのとおり、一人の男の子が家畜小屋で産声をあげました。イエス・キリストの誕生です。

世に言う〝処女降誕〟とはこのことです。多くの人はこの出来事に戸惑い、それを何とか説明しようとしたり否定したりしようとしますが、無駄なことです。もしそれが神の御業であれば何事であれ可能であったでしょうし、そうでなければ説明できたとしても無意味だからです。

大切なことは起こり得るか否かではなく、なぜ、いったい何のために、あのようなことが起こったのか、起こる必要があったのかという理由の方です。そもそもあの出来事は何だったのでしょう。また、なぜ普通の生まれ方ではいけなかったのでしょうか。

処女降誕とは、すなわち「まことの永遠の神でありまたあり続けるお方が……まことの人間性をお取りになった」という出来事であり、わたしたち罪人の救いを完全に成し遂げる唯一の「仲保者」誕生の出来事なのです（問15－18参照）。

「聖霊の働き」による「キリストの聖なる受胎」は「御自身の無罪性と完全なきよさ」の証しですが、それらもまた罪の内に受胎するわたしたち人間の罪（問7）を「永遠の神の御子」である方が「神の御顔の前で覆ってくださる」ためなのでした。罪無き乳飲み子が人類の罪を負うために誕生された。クリスマスの〝聖夜〟はドス黒い罪を覆うための御子のきよさなのでした。

キリスト誕生の出来事は、「ダビデ」の家系からメシアが誕生するとの預言の実現です（サムエル下七12－16）。それを跡付けるマタイ福音書の系図は、しかし、薄汚れた罪人の家系図でもあります。イエスは、そのただ中に「罪を別にしてはすべての点で兄弟たちと同じようになるため」に誕生されました。人間がどんなにつらい生涯を送らねばならないか、どんなに無力で弱い存在かを知るために。

アダムとエバ以来〝神のようになろう。天にまで届こう〟と思い上がり悲惨を繰り返す人間（創世三5、一一4）のために「自分を無にして、僕の身分になり、人間と同じ者になられた」方がここにおられます（フィリピ二7）。それがイエス・キリストです。

問37　「苦しみを受け」という言葉によって、

あなたは何を理解しますか。

答　キリストがその地上での御生涯のすべての時、

とりわけその終わりにおいて、

全人類の罪に対する神の御怒りを体と魂に負われた、

ということです。

それは、この方が唯一の償いのいけにえとして、

御自身の苦しみによって

わたしたちの体と魂とを永遠の刑罰から解放し、

わたしたちのために神の恵みと義と永遠の命とを

獲得してくださるためでした。

新約聖書の福音書という書物はたんなる伝記ではなく、イエスの最後の七日間に集中していく書物だと学びました。最後の七日間とは、まさにイエスが十字架へと赴かれる〝ヴィア・ドロロサ

（苦しみの道）"です。イエスの御生涯とは、もう初めからこの道に向かっていたと言うことができるでしょう。

使徒信条は、イエスの降誕からすぐに苦難についての告白へ進んでいます。ただ細かいことを言えば、実は日本語の翻訳と原文とは多少ニュアンスの違いがあります。日本語では「ポンテオ・ピラトのもとに苦しみを受け」とあるので、イエスが裁判で苦しんだり鞭打たれて茨の冠をかぶせられたりした場面を想像するかもしれません。しかし、もとの文章では「苦しみを受け」という言葉が先にあって、その後に「ポンテオ・ピラトのもとに」が続くのです。本問が「苦しみを受け」だけを先に扱っているのはそのためです。

さて、このように読んでみると「苦しみを受け」とは、まさにキリストの「地上での御生涯のすべての時」であったことが明確になります。〝オギャー〟と産声をあげた時から十字架で息を引き取る時まで、その一刻一刻、全生涯、すべての時が苦しみの生涯であったということです。もちろん、それは「その終わりにおいて」十字架上でクライマックスに達します。しかし、イエスはその時だけ苦しまれたのではない。その全生涯が苦難の生涯なのでした。

そもそも永遠の神の子が人間となること自体が異常なことでした。さらには肉体を持つ人間として、疲れや眠気や空腹、さまざまな誘惑・痛み・病を経験されました（イザヤ五三1－3）。それは創造された時のような輝かしい存在としての人間ではない、罪と悲惨にまみれた地上を這いつくばって生きる、神に呪われた人間としての生涯でした（創世三17－19）。別に言えば、イエスの地上での苦しみの御生涯は**「全人類の罪に対する神の御怒りを体と魂に負われた」**生涯だったということです。

いったい何のためにでしょうか。それはこの方が**「唯一の償いのいけにえ」**として**「御自身の苦しみによってわたしたちの体と魂とを永遠の刑罰から解放」**するためだったと聖書が記しているとおりです（ローマ三25、Ⅰヨハネ二2、四10）。

ここに繰り返される「体と魂」という小さい言葉は大切です。イエスは神なのだから魂は苦しむことなく、ただ体だけが苦しんだというのではない。また、あの体は見かけだけで、実際には苦しんでいなかったというのでもない。まさにイエスはまことの神またまことの人間として、全身全霊をもって神の怒りを負われたのです（問14）。それによって、わたしたちの「体と魂」を解放するためです。もしどちらか片方だけで苦しまれたのなら、わたしたちを丸ごと救うことにはならないでしょう。しかし、「体と魂」双方においてであるならば、わたしたちの体も魂もすべてが救われるのです（問1）。

主イエス・キリストが地上での全生涯においてわたしたちのために苦しんだということは、言い換えれば、わたしたちの生涯のどの一瞬もこのキリストと無関係な時はないということです。わたしたちがキリストと関係を持ち始めるのは教会に来てからと思われるかもしれませんが、実はそうではありません。

キリストが御降誕の時に苦しまれたのは、わたしたちが母の胎内から担う罪の性質・神の怒りを贖うためです。地上でのすべての時が苦しみの生涯だったということは、わたしたちの生涯のすべての時がキリストによって担われているということです。とりわけ、その最後においてキリストが激しい苦痛の中で耐え忍ばれたのは、わたしたちが地上での最後の時に、たとい諸々の病や耐え難い苦痛に見舞われることがあったとしても、その時にもなおイエスがわたしたちを担っていてくださるということです。実にわたしたちの全生涯は、キリストの苦難によって神の御怒りからも永遠の刑罰からも解放され、主が獲得してくださった「神の恵みと義と永遠の命」をまとうように招かれているのです。

確かにわたしたちの人生は依然として「涙の谷間」（問26）かもしれません。しかし、そのわたしたちを背負い続けてくださる方（イザヤ四六3－4）がおられるとは、何という慰めでしょう！

問38　なぜその方は、裁判官「ポンテオ・ピラトのもとに」苦しみを受けられたのですか。

答　それは、罪のないこの方が、
　この世の裁判官による刑罰をお受けになることによって、
　わたしたちに下されるはずの神の厳しい審判から、
　わたしたちを免れさせるためでした。

問39　その方が「十字架につけられ」たことには、何か別の死に方をする以上の意味があるのですか。

答　あります。

それによって、わたしは、

この方がわたしの上にかかっていた呪いを

御自身の上に引き受けてくださったことを、

確信するのです。

なぜなら、十字架の死は神に呪われたものだからです。

使徒信条にはわたしたちが信ずべき基本的な事柄が網羅されていますが、その中で唯一、神の御業や御性質とは関係のない言葉が「ポンテオ・ピラトのもとに」という言葉です。ポンテオ・ピラトとは、人の名前です。ローマ皇帝の代理（総督）として、紀元二六－三六年の一〇年間、ユダヤを統治した人物です。イエス・キリストは、この人の統治下において苦しみを受けられた。すなわち、裁判を受け有罪とされ、十字架刑に処せられたのです。

なぜこのような人物の名前を、キリスト教会は最も大切な信ずべき事柄として受け継いできたのでしょう。その第一の理由は、主イエス・キリストが十字架におかかりになったという出来事が決して作り話なのではない、わたしたちのこの人間の歴史の中で確かに起こった歴史的事実であるということを証しするためです（ルカ一1－3）。イエス・キリストの御生涯とりわけ最後の苦しみは、わたしたち人間社会のただ中で起こった。いえ、人間の生々しい現実のただ中でこそ起こるべき出来事なのでした。

実際、イエスがポンテオ・ピラトのもとに受けた裁判は、実に理不尽な裁判でした。不利な証言によって一方的に断罪したユダヤ人指導者たちの訴えに基づいていたため、何一つ罪を見出すことができず、さらには背後に策謀があることに気づいていながら、扇動された群衆たちを恐れて有罪としたピラト（マルコ一五1－15）。時の権力者たちと民衆がねつ造した冤罪《えんざい》でした。

わたしはただ真理を証しするためにこの世に来たと語るイエスに対し、ピラトが「真理とは何か」と問う印象的な場面があります（ヨハネ一八37－38）。人間のさまざまな思惑が入り乱れる中で、まさに神の真理が失われ曲げられたのです。

ところが、この出来事こそ神の御計画による救いの出来事なのだと聖書は教えます。「それは、罪のないこの方が、この世の裁判官による刑罰をお受けになることによって、わたしたちに下されるはずの神の厳しい審判から、わたしたちを免れさせるためでした」（Ⅱコリント五21参照）。罪の無い方がわたしたちの身代わりに有罪とされたおかげで、本来死刑判決を受けるはずのわたしたち罪人が無罪とされる。この理不尽な出来事こそ、実に神の知恵であり計画であり、救いなのでした。

キリストの苦しみには、もう一つの出来事がありました。それが「十字架」の死です。十字架の苦しみの意味は問37または43に記されていますが、ここでは「十字架」につけられたという「死に方」そのものの意味を問うています。十字架とはそもそもローマ式の処刑法で、極悪人に執行される最も残酷な極刑であり、恥辱と嫌悪の象徴でした。木にかけられた全身の重みを、釘に刺し貫かれた両手両足だけで支えることによって全身に激痛が走り、やがてその痛みと渇きの中で息絶えるのです。

このような刑に処せられねばならないこと自体がユダヤ人にとっては屈辱的なことですが、さらに忌まわしいことに「十字架の死は神に呪われたもの」なのでした。木にかけられた者は皆呪われているからです（申命二一23／ガラテヤ三13）。罪の無い方が神に呪われることによって、本来罪に汚れたわたしが受けるべき神の呪いを「御自身の上に引き受けてくださった」ということ、それが十字架という出来事です。この愚かに見える方法こそ、人を救う神の知恵なのです（Ⅰコリント一18－25）。

したがって、この十字架のもとに憩う者、この十字架こそ神の救いと仰ぐ者にとって、神の呪いはもはやありません。どんなことが起こりましょうとも、キリストの十字架の下に身を寄せる者にとって、神の呪いは決してあり得ないのです。神の御子が一切の呪いを受けてくださったからです。ポンテオ・ピラトのもとで罪無きお方が苦しみを受け、恥辱と嫌悪を身に負い、神の呪いまでもお引き受けくださったのは、ただわたしたちの、そして「わたし」のためです。「彼が刺し貫かれたのはわたしたちの背きのためであり／彼が打ち砕かれたのはわたしたちの咎のためであった」（イザヤ五三5）。

この悲惨と矛盾に満ちた人間社会の現実のただ中に、十字架は打ち立てられました。それはもはや誰も否定し得ない神の愛の真実なのです。

問40　なぜキリストは「死」を苦しまなければならなかったのですか。

答　なぜなら、神の義と真実のゆえに、神の御子の死による以外には、わたしたちの罪を償うことができなかったからです。

問41　なぜこの方は「葬られ」たのですか。

答　それによって、この方が本当に死なれたということを証しするためです。

問42　キリストがわたしたちのために死んでくださったのなら、どうしてわたしたちも死ななければならないのですか。

答　わたしたちの死は、自分の罪に対する償いなのではなく、むしろ罪の死滅であり、永遠の命への入口なのです。

人間にはただ一度死ぬことと、死後裁きを受けることが定まっています（ヘブライ九27）。ですから、人間イエスが死なれたこと自体には何の不思議もありません。問題は、なぜ「キリスト」が、「神の御子」であるお方が、「死を苦しまなければならなかった」のかという点です。

キリスト教の初期の時代、神の御子が苦しむはずはないと考える人々がいました。イエスの体は真の肉体ではなく、それゆえ、苦しむことも死ぬこともなかったと。御子の神性を重んじるばかりに、死を否定する人たちがいたのです。しかし、聖書ははっきりと「死んだ」と告げています（ヘブライ二9）。それればかりか「神の御子の死による以外には、わたしたちの罪を償うことができなかった」のだと。

神に対する完全な罪の償いを成し遂げるためには、どうしても「まことの神であると同時にまことの人間でもある」方の犠牲が必要でした（問18）。決して悪を許さない神の義と、どこまでも罪人を赦して救おうとする神の愛の真実が貫かれねばならない。そのような「神の義と真実」が交差する所、それが十字架でした。

この十字架上で息絶えたイエスの脇腹をローマの兵士が槍で刺したと、福音書は記しています（ヨハネ一九34）。これで死を確証したわけです。それと同様のことが、葬りにもあてはまります。イエスが「葬られ」たのは「それによって、この方が本当に死なれたということを証しするため」だからです。

しかし、イエスの葬りにはそのような面ばかりでなく、もう少し積極的な意味もあるように思います。これまで学んできたように、イエスの御生涯はそのすべてがわたしたちのためだったからです。苦しみ死んだ救い主は、わたしたちの苦しみと死を味わわれました。そうであれば、葬りもまた同様です。

このことはキリスト教の葬儀によく表れます。昔から死や葬りは穢《けが》れとされましたから、神に仕える者にとって死や葬りはしばしばタブーでした。しかし、教会の牧師は、人々の闘病にも臨終にも葬りにもすべて関わります。たんにそれが仕事だからなのではなく、イエスがわたしたちのすべてに寄り添ってくださる救い主だからです。「陰府に身を横たえようとも／見よ、あなたはそこにいます」（詩編一三九8）。

しかし、「キリストがわたしたちのために死んでくださったのなら、どうしてわたしたちも死ななければならない」のでしょう。イエス・キリストの受難と死と葬りがわたしたちの〝身代わり〟であるならば、なぜわたしたちも同じことを味わわねばならないのか。問42は、素朴ですが実に深い問いを投げかけます。答えは『信仰問答』の中でも最も有名な答えの一つです。「わたしたちの死は、自分の罪に対する償いなのではなく、むしろ罪の死滅であり、永遠の命への入口なのです」。

わたしたちの罪の償いは、すでにイエスの確かな死が成し遂げてくださいました。それなら、わたしたちの死に何の意味があるのでしょうか。それは第一に、「罪の死滅」だということです。キリスト者の死は、もはや罪の刑罰としての死ではありません。むしろ罪との戦いの終焉です。死の瞬間に、一切の罪からわたしたちは解放されるのです（ローマ六7）。

第二に、それは「永遠の命への入口」です。死んで初めて、イエス・キリストとの命を味わうということではありません。わたしが主イエスのものとされた時から、永遠の命はもうすでにわたしの内に脈打っています（ヨハネ五24）。ただ罪との戦いが残っているために、それを実感できないだけです。しかし、死の瞬間に罪から解放される時、わたしたちは永遠の命の輝きを鮮やかに見て取ることでしょう。わたしが確かに主イエスと結ばれていたという事実を、はっきりと目にすることでしょう。それが「入口」ということの意味です。

ですから、キリスト者にとっての死は、悲しみでは終わりません。それは、罪との訣別であり、天国への凱旋の時です。今や一切の苦しみから解放され、主イエスの愛に包まれて、先に召された聖徒たちと共に永遠に憩うのです。それは行方も知れずに漂うような死とは根本的に異なる、永遠の喜びの始まりなのです！

問43　十字架上でのキリストの犠牲と死から、
　わたしたちはさらにどのような益を受けますか。

答　この方の御力によって、
　わたしたちの古い自分が
　この方と共に十字架につけられ、死んで、葬られる、ということです。
それによって、肉の邪悪な欲望が
もはやわたしたちを支配することなく、
かえってわたしたちは
自分自身を感謝のいけにえとして、
この方へ献げるようになるのです。

問44　なぜ「陰府にくだり」と続くのですか。

答　それは、わたしが最も激しい試みの時にも
次のように確信するためです。すなわち、
わたしの主キリストは、
十字架上とそこに至るまで、
御自身もまたその魂において忍ばれてきた
言い難い不安と苦痛と恐れとによって、
地獄のような不安と痛みから
わたしを解放してくださったのだ、と。

イエス・キリストに結ばれた者の死は、幸いな死であると学びました。けれども、なおしばらく

の間この地上を生きていくわたしたちにとって、イエスの犠牲や死は何の力も持たないのでしょうか。決してそうではありません。

それは第一に、「この方の御力によって、わたしたちの古い自分がこの方と共に十字架につけられ、死んで、葬られる、ということ」をもたらします。神に背を向けて自己中心的に生きているわたしたちの心を、聖書は「古い自分」と呼びます。そして、そのような古い自分は、イエス・キリストがわたしたちの身代わりとして神の裁きを受けて十字架上で死なれた時、キリストと共に死んだのだ、と。「わたしたちの古い自分がキリストと共に十字架につけられたのは、罪に支配された体が滅ぼされ、もはや罪の奴隷にならないためである」（ローマ六6）。パウロはまた、同様のことを次のような言葉で表現しています。「わたしは、キリストと共に十字架につけられています。生きているのは、もはやわたしではありません。キリストがわたしの内に生きておられるのです」（ガラテヤ二19－20）。

言い換えれば、神の御子がわたしたちの身代わりとして死なれたことによって、「肉の邪悪な欲望がもはやわたしたちを支配することなく、かえってわたしたちは自分自身を感謝のいけにえとして、この方へ献げるようになる」ということです。罪に染まった醜い自分は、もうあの十字架で主イエスと共に死にました。罪のための犠牲はもう必要ありません。それでは何のためにわたしたちは生きているのか。それは、自分自身を「感謝のいけにえ」として神に献げるためだと、聖書は言います。「自分の体を神に喜ばれる聖なる生けるいけにえとして献げなさい。これこそ、あなたがたのなすべき礼拝です」(ローマ一二1)。

それでもわたしの中に今なお残る「肉の邪悪な欲望」をどうしたらよいのでしょうか。ここで注目すべきは「支配することなく」という言葉です。確かに罪は残っています。肉の邪悪な欲望は依然としてわたしを悩ませるかもしれません。しかし、それらはもはや支配する力を失っているのです。わたしの中で今、支配しておられるのは主イエスだからです! わたしたちは、罪の奴隷から解放されて、キリストの僕としての自由と喜びに生きる生活へと招かれているのです。

使徒信条には、イエス・キリストの生涯について、もう一つの言葉が加えられています。「陰府にくだり」という言葉です。「陰府」とは死の世界あるいは地獄のことです。ところが、イエスが陰府にくだられたとはどういう意味なのか、答えは簡単ではありません。実際、さまざまな誤解も生み出してきました。にもかかわらず、この言葉が告白文の一部とされてきたことには何か大切な意味があるからに違いありません。

仮にこの言葉がなかったなら、どんな感じになるか考えてみるとよいかもしれません。つまり、主イエスが「死にて葬られ」と言うだけでは何かが足りないのです。それらはすべて事実を語った言葉ですから、神の御子の〝受難〟を否定する人々にとっては、ほとんど意味をなしません。これに対して世々の教会は、主イエスの死が本当に「言い難い不安と苦痛と恐れ」に満ちた死であったことを「陰府にくだり」という言葉によって表現しようとしたのではないでしょうか。

地獄とは、場所と言うよりも神から引き離された状態を指す言葉です。〝神も仏もない〟と人々は口にします。あるいは〝生き地獄〟という言葉に表されるような神なき世界の悲惨、それがまさに地獄です。本当に神に捨てられることがどれほど恐ろしいことか、わたしたちには十分理解できないでしょう。それにもかかわらず、ひたすらもがき苦しむ「最も激しい試みの時」「地獄のような不安と痛み」を味わう時が、わたしたちの人生にはあることでしょう。主イエスは、まさにそのような地獄に堕ちたままで終わるはずだったわたしたちを救い出してくださいました。「わが神、わが神、なぜわたしをお見捨てになったのですか」と、筆舌に尽くし難い苦痛と恐れの叫びを、イエスが代わって叫ばれたからです（マタイ二七46）。

たとい地獄を味わっても、主はそこにおられます。そして主が共におられるなら、そこはもはや地獄ではないのです（黙示一17―18）。

問45　キリストの「よみがえり」は、
　　わたしたちにどのような益をもたらしますか。

答　第一に、この方がそのよみがえりによって死に打ち勝たれ、
　　　そうして、御自身の死によって
　　わたしたちのために獲得された義に
　わたしたちをあずからせてくださる、ということ。

第二に、その御力によって
わたしたちも今や新しい命に呼びさまされている、
ということ。
第三に、わたしたちにとって、
キリストのよみがえりは
わたしたちの祝福に満ちたよみがえりの
確かな保証である、ということです。

イエス・キリストの生涯とその働きについて教える際、イエスの誕生・生涯・十字架・死・葬りという一連の出来事をキリストの「低い状態」または「謙卑《けんぴ》」と呼ぶことがあります。それに対して、今回から学ぶイエスの復活・昇天・着座・再臨はキリストの「高い状態」または「高挙《こうきょ》」と呼ばれます（例えば『ウェストミンスター小教理問答』など）。

ところが『ハイデルベルク信仰問答』は、大変興味深いことに、そのような区別をしないばかりか一貫してキリストの生涯がわたしたちにもたらす「益」について問い続けています（問36、43、45、49、51）。キリストの状態が低かろうが高かろうが、そのすべてがただ「わたしたちのため」であるとの強烈な確信に基づいているためです。

実際、キリストについての出来事はそれが事実であると証明されただけでは、何の意味も持ちません。例えば、今回学ぶ「よみがえり」という出来事。果たして、死人がよみがえるなどという出来事が本当に起こりうるのか。現代人だけでなく、新約聖書が書かれた時代でも信じ難いことでした。使徒パウロはこう書いています。「キリストは死者の中から復活した、と宣べ伝えられているのに、あなたがたの中のある者が、死者の復活などない、と言っているのはどういうわけですか。死者の復活がなければ、キリストも復活しなかったはずです。そして、キリストが復活しなかったら……、あなたがたの信仰も無駄です」（Ⅰコリント一五12－14）。

しかし、真の問題は、キリストの復活という驚くべき出来事があったかどうかということ以上に、それがいったい何なのか、わたしに何の「益」をもたらすのかということです。イエスの誕生や十字架を疑う人はいないでしょうが、そこに自分との関係が打ち立てられない限り、それらの出来事が何の意味も持ち得ないのと同じです。

『信仰問答』は三つの益について教えています。第一の益は、「この方がそのよみがえりによって死に打ち勝たれ、そうして、御自身の死によってわたしたちのために獲得された義にわたしたちをあずからせてくださる」ということです。キリストは死に打ち勝たれました。死という、人類が堕落して以来、誰も避けて通ることのできない悲惨にキリストは勝利されたのです。これはたんに息を吹き返して生き返ったということではありません。息を吹き返した者はまた死にますが、キリストは死なない体によみがえられたからです。死の力そのものを滅ぼされたのです。それはまた、罪の力による呪われた死への勝利ですから、わたしたちに残されているのはただ神の義にあずかることだけです（ローマ四25）。

第二の益は、「わたしたちも今や新しい命に呼びさまされている」ということです。イエス・キリストと結び合わされた者は、キリストと共に十字架で死んだのであり、そうしてまたキリストと共に新しい命に復活する、というのが聖書の教えです（ローマ六5－11、エフェソ二4－6、コロサイ三1－4）。なぜなら、復活された方御自身が今も生きておられるので、「その御力によって」わたしたちを呼びさますことがおできになるからです。

第三に、そのようにしてキリストにある新しい命に呼びさまされた者にとって、キリストのよみがえりは自分自身の「祝福に満ちたよみがえりの確かな保証」となります。よみがえられた方の命がわたしの体の中で脈を打ち始めたのに、どうしてこのままむなしく終わることがありえましょうか。「もし、イエスを死者の中から復活させた方の霊が、あなたがたの内に宿っているなら、キリストを死者の中から復活させた方は、あなたがたの内に宿っているその霊によって、あなたがたの死ぬはずの体をも生かしてくださるでしょう」（ローマ八11）。

大切なのは「祝福に満ちた」という言葉です。弱くもろい土の器にすぎないわたしたちの肉体は、この世の苦痛や病にゆがめられているかもしれません。しかし、わたしたちは惨めな姿のままでよみがえるのではない。この罪深いわたしたちを体も魂も丸ごと愛してくださった主は、やがてこの肉体をも「御自分の栄光ある体と同じ形に変えてくださる」でありましょう（フィリピ三20－21）。主イエスの復活は、その「確かな保証」また揺るがぬ希望の根拠なのです。

問46　あなたは「天にのぼり」をどのように理解しますか。

答　キリストが弟子たちの目の前で地上から天に上げられ、
生きている者と死んだ者とを裁くために
再び来られる時まで、
わたしたちのためにそこにいてくださる
ということです。

問47　それでは、キリストは、約束なさったとおり、
世の終わりまでわたしたちと共におられる、
というわけではないのですか。

答　キリストは、まことの人間でありまことの神であられます。
この方は、その人間としての御性質においては、
今は地上におられませんが、
その神性、威厳、恩恵、霊においては、
片時もわたしたちから離れてはおられないのです。

問48　しかし、人間性が神性のある所どこにでもある、

というわけではないのならば、
キリストの二つの性質は
互いに分離しているのではありませんか。

答

決してそうではありません。
なぜなら、神性は捉えることができず、
どこにでも臨在するのですから、
確かにそれが取った人間性の外にもあれば
同時に人間性の内にもあって、
絶えず人間性と人格的に結合しているのです。

「キリストが弟子たちの目の前で地上から天に上げられ」という出来事は、新約聖書のルカによる福音書の最後と使徒言行録の最初に記されています。弟子たちを祝福しながら、そのまま天へと上げられていくイエスをぽかんと見送っていた弟子たちに、白い服を着た二人の人が「なぜ天を見上げて立っているのか。イエスはまたおいでになる」と語りかける。すると、弟子たちはイエスに言われたとおりエルサレムに戻って聖霊が降るのを待ち続ける……というお話です。けれども、なぜイエスは天へと上げられたのでしょうか。復活されたまま、弟子たちとずっと一緒にいようと思えばいることもできたでしょうに。

まず理解しておきたいことは「天」という言葉の意味です。イエスは文字通り、天高く上げられていったのですが、いったい宇宙のどの辺りまでかと考える必要はありません。この場合の「天」とは、神の領域のことであって物理的にどこかということではないからです。つまり、イエスの昇天とは、人間として世に降られた方が再び本来の神の領域へと、神御自身の世界へと、お帰りになったということです。

『信仰問答』は、そのように栄光の内に上げられたイエスが「**生きている者と死んだ者とを裁くために再び来られる時まで、わたしたちのためにそこにいてくださる**」と教えます。大切なのは「わたしたちのために」という言葉です。地上から離れてしまうことがどうしてわたしたちのためなのか。詳しくは次の問いで学びたいと思いますが、ここでは、天に上げられたイエスはもうわたしたちと共におられないのだろうかという疑問に答えておきましょう。

マタイによる福音書は「わたしは世の終わりまで、いつもあなたがたと共にいる」というドラマチックなイエスの言葉で締め括られています（二八20）。ところが、イエス御自身はこの言葉を置き土産にして天へとお帰りになってしまいました。あの約束はいったいどうなったんだという疑問が起こるのも無理はありません。ステファノが殉教の死を遂げた時（使徒七55）、サウロがダマスコ途上でイエスの御声を聞いた時（同九3－4）、イエスは確かに天におられました。それにもかかわらず、世の終わりまでいつも共にいてくださるとは、どういうわけなのでしょう。

以前、問18で学んだことを思い出してください。このイエス・キリストという方は、わたしたちの想像を絶する「まことの人間でありまことの神である」救い主なのでした。ですから、確かに「その人間としての御性質においては、今は地上におられませんが、その神性、威厳、恩恵、霊においては、片時もわたしたちから離れてはおられないのです」。つまり、その復活の体をもってということであれば天におられますが、御自分の霊においてはわたしたちと絶えず共にいてくださる、ということです。

もしイエスが地上に留まって一か所におられたならば、恵みを受ける人々はごく限られた人たちだけだったことでしょうし、未だにわたしたちとは無縁の方だったかもしれません。しかし、昇天して、わたしたちに命を与える「霊」となられた（Ⅰコリント一五45）がゆえに、いつの時代でもどんな場所にいても共にいてくださることができるようになったのです（ヨハネ一四18－19参照）。

それでも、人間性と神性がいつも一緒でないならばキリストの二つの性質はバラバラになっているのではないかと、『信仰問答』は続けます。これは少々専門的な議論なのですが、答えが言おうとしていることは大切です。第一に、無限の神の性質を有限な人間の性質と同じように考えてはならないということ（エレミヤ二三23－24）。第二に、神としてのイエスは、決して人間としてのイエスと別ではないということ。人間の痛みや弱さを知っておられる方が天におられ、また共にいてくださるのです。ですから第三に、主イエスの恵みは片時もわたしたちから離れてはいないということです。

わたしたちは、もはやイエスをどこか遠い世界に求める必要はありません。確かに、わたしたちの心は主イエスを慕って天高く上げられるでしょう。しかし、この方がいつも共におられる以上、わたしたちは決して孤独ではないのです。

問49　キリストの昇天は、
わたしたちにどのような益をもたらしますか。

答　第一に、この方が天において御父の面前で
わたしたちの弁護者となっておられる、ということ。
第二に、わたしたちがその肉体を天において持っている、ということ。
それは、頭であるキリストが
この方の一部であるわたしたちを
御自身のもとにまで引き上げてくださる
一つの確かな保証である、ということです。
第三に、この方がその保証のしるしとして
御自分の霊をわたしたちに送ってくださる、ということ。
その御力によってわたしたちは、
地上のことではなく、

キリストが神の右に座しておられる天上のことを求めるのです。

キリストの昇天は「わたしたちのため」であったと前回学びました。わたしたちのためにキリストは弟子たちから離れて天に昇り、世の終わりまでそこに留まっていてくださる、と。キリストは霊においてはどこにいてもいつも共にいてくださるわけですが、それでも「天に」おられるということには、どんな益があるのでしょう。『信仰問答』は、少なくとも三つの益があると教えています。

第一に、「この方が天において御父の面前でわたしたちの弁護者となっておられる」ということです。近づき難い光の中に住まわれる天の神は、罪に対しては激しくお怒りになる至高の審判者であることを忘れてはいけません。神は憐れみ深い方ですが、ただしい方でもあられるからです（問11）。そのような神に相対する罪人は、イザヤが叫びましたように、ただ滅びるしかありません（イザヤ六5）。わたしたちはもともとそのような存在なのです。けれども、今やキリストが天にお昇りになりました。滅びるばかりの罪深いわたしたちのために命を献げて償ってくださった方が、天の御父の面前におられる。かつては地におられ、わたしたち人間の苦しみ・悩み・病、一切のことを味わい尽くされた方が天におられる。あたかもわたしたちのために御父の御前で立ちはだかっておられるように、わたしたちの弁護者となっておられます。

キリストは地上に愛想をつかして天にお帰りになったのではありません。地上を這うようにして生きているわたしたち人間のことを御存知である方が、いわばわたしたちのことを御父に告げ、その怒りをなだめ、和解をもたらすために御父のもとへと帰られたのです（Ⅰヨハネ二1）。

第二に、このお方が天に昇られたのは、「わたしたちがその肉体を天において持っている、ということ。それは、頭であるキリストがこの方の一部であるわたしたちを御自身のもとにまで引き上げてくださる一つの確かな保証」となるためでした。キリストの復活がわたしたちの復活の保証となったように、キリストの昇天もまたわたしたち自身の昇天の保証となったということです。死んだら天国に行きますと簡単に人は口にしますが、そのようなことは罪人には不可能です。少なくとも神の御許に行くことはできません。しかし、主イエスに結ばれている人は、死後、主がおられる所に行くでしょう。それが天であれば天に、御父のもとであればそこに行くのです。いつまでもこの方と共にいるためです（Ⅰテサロニケ四17参照）。キリスト者が天国に行けるというのは、そこに主イエス・キリストがおられるからにほかなりません。

弟子たちと過ごされた最後の晩、イエスは「あなたがたのために場所を用意しに行く」とおっしゃいました（ヨハネ一四2）。移住する家族のためにまず父親が先に行って住む場所を用意し、再び帰ってきてから家族を連れて新しい土地に移り住むように、わたしたちは今場所を用意してくださった主の帰りを待っているのです。

キリスト昇天の第三の益は、「この方がその保証のしるしとして御自分の霊をわたしたちに送ってくださる、ということ。その御力によってわたしたちは、地上のことではなく、キリストが神の右に座しておられる天上のことを求める」ということです。主イエス・キリストに結ばれている者は、その心も主と結ばれていることでしょう。父親の帰りを切望する家族の心は、たとい体はこちらにあっても、父親のもとにあるものです。それと同じように、キリストを切望する者もまた地上のことではなく、天上のことを慕い求める。これがキリストの霊が与えられているという証しです。肉体を持つわたしたちはいわば地上に縛られていて、地上のことを考えずに生きてはいけません。にもかかわらず、その霊においては、キリストのおられる天上のことを求めることができるのです（Ⅱコリント一21−22）。

天におられる主イエスは、わたしたち地上で苦しむ者のためにいつも心を注いでくださる。地上にいるわたしたちもまた御霊によって天上の主イエスを慕い求める。こうしてやがて、天にあるものと地にあるものとが、主イエス・キリストのもとに一つに引き合わせられる完成の日が来る、と聖書は約束しています（エフェソ一10）。昇天されたキリストは、天と地とを結びつける引力です。

問50　なぜ「神の右に座したまえり」と付け加えるのですか。

答　なぜなら、キリストが天に昇られたのは、
そこにおいて御自身がキリスト教会の頭であることを

お示しになるためであり、
この方によって御父は万物を統治なさるからです。

問51　わたしたちの頭であるキリストのこの栄光は、
わたしたちにどのような益をもたらしますか。

答　第一に、この方が御自身の聖霊を通して、
御自身の部分であるわたしたちのうちに
天からの諸々の賜物を注ぎ込んでくださる、ということ。
そうして次に、わたしたちをその御力によって
すべての敵から守り支えてくださる、ということです。

イエスが天に昇られてからまもなく、弟子たちに聖霊が降りました。ペンテコステの出来事です。あの臆病者だったペトロが十一人の弟子たちと共に立ち上がり、大声でイエスのことを次のように説教しました。「神はこのイエスを復活させられたのです。わたしたちは皆、そのことの証人です。それで、イエスは神の右に上げられ、約束された聖霊を御父から受けて注いでくださいました」（使徒二32－33）。興味深いのは、なぜペトロはイエスが神の右に上げられたと言っているのかという点です。

実は、この場合の「右」とは、文字通り神の右側ということではありません。霊であられる神に

右も左もないからです。「右に座したまえり」とは、王の代わりに全権を委任されて采配をふるう代理者となられたということです（詩編一一〇1－2参照）。天に昇るだけなら、旧約聖書のエリヤの例もあるでしょう。しかし、神の右に着座されたのはキリストだけです。この方が今や天地の全権を持って万物を支配しておられる。「この方によって御父は万物を統治」しておられる（エフェソ一20－21）。これが聖書の信仰です。

見ず知らずの神の支配によってたまたま運が良かったとか悪かったとかいうのではない。わたしを愛してやまないキリストが全能の支配者またわたしたち「キリスト教会の頭」であられるのだから、たとい何が起ころうとも万事は益となる。この信仰が、イエスの弟子たちにこの世を超えて生きる力を与えました。

実際、教会はこのお方が満ち満ちている所です（エフェソ一23）。頭である方が「御自身の聖霊を通して、御自身の部分であるわたしたちのうちに天からの諸々の賜物を注ぎ込んでくださる」からです。たんに天から恵みをポンと投げ落とすのではなく、ちょうど温かな命が全身の節々を生かしているように、キリストの諸々の恵みがからからに乾いたわたしたち一人一人の魂や生活を潤してくださるというのです。この恵みをわたしたちはさまざまなかたちで実感することがあるでしょう（ヘブライ二4）。しかし、何よりもわたしたち罪人が主イエスを信じるようになり・愛するようになり・希望を持って生きるようになること、そのこと自体が奇跡であり、主イエス・キリストから注がれた恵みの証しにほかなりません。

教会の頭として御自身の体の諸部分に恵みを注いでくださるキリストは、同時に、「その御力によってすべての敵から守り支えて」もくださいます（問31参照）。万物の主権を持っておられる方は、御自分の羊たちをあらゆる敵から守ることがおできになります（ヨハネ一〇28－29）。このことは、苦難が無くなるということではありません。しかし、わたしたちの羊飼いは、既に世に勝っておられる方なのです（ヨハネ一六33）。

ときに主は、わたしたちを守るために地上から取り去ることさえあります。キリスト者の死は、御自身の御許へと召してくださる神の愛のしるしでもあるからです。キリスト教最初の殉教者となったステファノは死の直前、神の右に立っているイエスを目にしました（使徒七55－56）。キリストはあぐらをかいて座っている方ではありません。わたしたちが苦しむ時には身を乗り出してまで守り支えようとなさる方です。そのような全能の統治者こそが、わたしたちの主イエスです。

ヨーロッパなどにある古い教会堂の天井に大きなキリスト像が描かれているのを御覧になったことがあるでしょうか。これは〝パントクラトール（全能者キリスト）〟と呼ばれる図像で、キリストが全宇宙を支配しておられることを表しています。キリスト教がかつてローマ帝国によって迫害されていた時、キリスト者たちはこの世の為政者の背後に自分たちの主が君臨しておられることを知っていました。どんなに苦しみが深くとも、なお全能のキリストがこの世界と宇宙を支配したもう「王の王、主の主」（黙示一九11－16）であると信じて疑わなかった、その信仰の表出と言えましょう。

キリストがわたしたちのために弱く貧しくなられたことは、深い慰めです。けれども、同じキリストが今や天上の支配者となっておられるとの確信は、何と力強い希望の力をもたらすことでしょう。イースターからペンテコステに至る出来事は、クリスマスにまさる喜びを与えるものなのです。

問52　「生ける者と死ねる者とを審」かれるための
　キリストの再臨は、
あなたをどのように慰めるのですか。

答　わたしがあらゆる悲しみや迫害の中でも頭を上げて、
　かつてわたしのために神の裁きに自らを差し出し
すべての呪いをわたしから取り去ってくださった、
まさにその裁き主が天から来られることを
待ち望むように、です。
この方は、御自分とわたしの敵を
　ことごとく永遠の刑罰に投げ込まれる一方、
わたしを、すべての選ばれた者たちと共にその御許へ、
すなわち天の喜びと栄光の中へと

迎え入れてくださるのです。

現代の社会不安や地球環境の悪化から、この世の終わりを描く小説や映画が後を絶ちません。世の終わりがどうなるかは、先を見通すことのできない人間にとって、いつの時代でも大きな関心事です。しかし、世界を創造された神を証しする聖書こそ、世界の終わりを語るに最もふさわしい書物と言えましょう。そして、その聖書が語る終末の中心にある出来事こそが、キリストの「再臨」また最後の審判と呼ばれる出来事です。

昇天するイエスを見上げていた弟子たちに、御使いは「あなたがたから離れて天に上げられたイエスは、天に行かれるのをあなたがたが見たのと同じ有様で、またおいでになる」と告げました（使徒一11）。これが「**キリストの再臨**」です。英語では〝リターン〟とか〝セカンド・カミング〟と言います。いずれも、どこかへ出かけた人が再び戻って来るというイメージです。イエス御自身もまた、たとえを用いてそのようにお教えになりました（マタイ二四－二五章参照）。

けれども、これまで学んできたとおり、実際には主イエスは片時もわたしたちから離れておられません（問47）。どこかに行っていなくなってしまった、ということではないのです。ただ地上におられた時のように見ることができないというだけです。ですから、「再臨」とは〝戻る〟というよりは再び目に見える姿で〝現れる〟ことだと言う方が正確でしょう（テトス二13－14他）。そしてその時、すべてのこともまた顕わにされると、聖書は告げています。隠されていたことすべてが明らかにされる。それが最後の審判なのです。

ヨーロッパでは長い間、審判者キリストは恐怖の対象でした。人々は教会堂の入口や正面に描かれた最後の審判の絵図に震えおののき、何とか天国に行けるようにと、教会に寄進し聖人たちにすがり聖母マリアに執り成しを願いました。

しかし、キリストに結ばれた者にとって、聖書が示す世の終わりは決して恐怖ではありません。『信仰問答』が言う通り、キリストの再臨は「慰め」と「喜び」の時なのです。なぜなら、「かつてわたしのために神の裁きに自らを差し出しすべての呪いをわたしから取り去ってくださった、まさにその裁き主が天から来られる」からです。わたしを愛し、救ってくださった方が裁き主です。わたしを天国に入れるために御自身を犠牲にしてくださった方が審判者なのです。キリストの再臨とは、ですから、今は見えない主イエスと顔と顔とを合わせてお会いする時です。わたしが信じていた方は本当におられたと確信する瞬間です。その日、わたしたちだけでなくすべての人々は思い知ることでしょう。この方こそが真の神であられた。聖書の言葉に偽りはなかった、と。

その時、全能の主イエスはこの世を悲惨へと突き落とした悪そのものを「ことごとく永遠の刑罰に投げ込まれ」ます。そして、「わたしを、すべての選ばれた者たちと共にその御許へ、すなわち天の喜びと栄光の中へと迎え入れてくださるのです」。わたしのような者が、ただ主イエスに結ばれていたというそれだけで、主の御許へと迎え入れられ、天上の祝宴（黙示一九9）にあずかり、救いの栄冠をいただく（Ⅱテモテ四7－8）。キリストの現れとは、救いの勝利の現れです。神の憐れみの完全な現れなのです。わたしたちは、その日を待ち望みつつ地上を歩み続けます。「あらゆる悲しみや迫害の中でも頭を上げて」耐え忍びます。やがて来られる審判者自身がその悲しみを知っていてくださるからです。そして、それを必ずや喜びへと変えてくださるからです。

わたしたちの地上の生涯は、つかの間の旅のようなものだと言えるでしょう。帰るべき場所は天の故郷です（ヘブライ一一13－16、フィリピ三20）。ですから、過ぎ去る地上のことに心引かれないようにしましょう（コロサイ三2）。むしろ、天国に行く身辺整理をすべきです。主イエスとお会いするために生活を整え、目を覚まして生きる。これがキリスト者のライフ・スタイルです。

キリストがいつ再臨なさるのか、その日その時を誰も知りません（マタイ二五13）。わたしたちの方が先に主の御許に召されるかもしれません。その時まで、与えられている地上の日々を励まし合いながら、心を高く上げて共に歩んでまいりましょう。

聖霊なる神について

問53　「聖霊」について、あなたは何を信じていますか。

答　第一に、この方が御父や御子と同様に永遠の神であられる、ということ。

第二に、この方はわたしにも与えられたお方であり、
まことの信仰によって
キリストとそのすべての恵みにわたしをあずからせ、
わたしを慰め、
永遠にわたしと共にいてくださる、ということです。

聖書が教える信仰の要点を、使徒信条を通して学んでいます。この使徒信条は、大きく三つの部分に分けることができます。父なる神とわたしたちの創造・子なる神とわたしたちの贖い・聖霊なる神とわたしたちの聖化です（問24）。ここからは、三番目の聖霊なる神について学んでまいりましょう。

さて、聖書を読んでも、この聖霊なる神がよくわからないという方は多いかもしれません。万物を造られた父なる神はわかる。贖い主なる御子イエス・キリストについてはよくわかる。けれども、聖霊なる神は今一つピンとこない、と。それもそのはずです。聖霊はまさに聖なる「霊」ですから、わからないのも無理はありません。イエス御自身が言われたとおり、風が思いのままに吹くように、霊も思いのままに働かれるからです（ヨハネ三8。原語では「風」も「霊」も同じ言葉）。ですから、まず何よりも聖書の教えに従って、聖霊を理解することが大切です。

聖霊についての教えは聖書全体にわたり実に多様ですが、大きく二つのことが言えます。「第一

に、この方が御父や御子と同様に永遠の神であられる」ということです。復活をした主イエスは、すべての人々を教え弟子とするために「父と子と聖霊の名によって」洗礼を授けるようにとお命じになりました（マタイ二八19）。パウロもまた、コリント教会に宛てた手紙を締め括るにあたり「主イエス・キリストの恵み、神の愛、聖霊の交わり」による祝福を祈りました（Ⅱコリント一三13）。聖霊は、たんなる神の力や知恵ということ以上に、何よりも御父や御子と同様に真の神であられます。

しかし、クリスマスの夜に御子イエスが降誕されなければ子なる神についてわからなかったように、聖霊なる神もまた五旬祭（ペンテコステ）の日に弟子たちに降臨されなければわかりませんでした（使徒二章）。木の葉がゆれて風に気づくように、聖霊もまたその働きを通してわたしたちに知られます。それでは、御父や御子とは違う、聖霊の特徴とは何でしょうか。

「この方はわたしにも与えられたお方」だというのが『信仰問答』の答えです。父なる神がわたしたちを超えた神、子なる神がわたしたちと共にいる神であるとすれば、聖霊なる神はわたしたちの内に働かれる神と言えましょう。その働きの中心は「まことの信仰によってキリストとそのすべての恵みにわたしをあずからせ」てくださることです。ちょうどサンタクロースがたくさんのプレゼントを抱えて子どもたちの家を訪れるように、聖霊はキリストのすべての恵みを携えて貧しいわたしの心の家に来てくださいます。聖霊は、何か特別な人だけに与えられるものではありません。神を幼子のように慕い求める人々すべてに、天の父がくださる愛のプレゼントです（ルカ一一13）。

真の神である聖霊が与えられるとは、天国がわたしのもとに与えられるに等しいことです。わたしが天国に昇るのでなく、天国がわたしの内に来てくださる。地上にいながら、未だ罪人でありながら、神の国がわたしの中に訪れてくださるのです！

聖霊はまた、弱くて何度もつまずく「わたしを慰め」てくださる〝慰め主〟です。主イエスは、わたしに代わって慰め主を遣わすと約束なさいました（ヨハネ一六7。新共同訳では「弁護者」）。聖霊は、天へと上げられた主イエスに代わって「永遠にわたしと共にいてくださる」方です。いつかは終わる地上の苦しみを超えて、永遠の世界へと導いてくださる慰め主なのです。先に、聖霊が「永遠の神」であると記しましたが、その永遠性とは実にわたしと共にいてくださるための御性質でもあるということです。そう考えると、わたしたちの神が永遠であるとは何という恵みであろうかと思わずにおれません。

『信仰問答』はこの後、聖霊の御業としての教会・罪の赦し・体のよみがえり・永遠の命について教えていきますが、それらが「わたし」に与えられている恵みであることを強調しています。聖霊の恵みは、大皿にのってドーンとふるまわれる料理ではなく、わたしたち一人一人の状態に合わせて調理され運ばれてくる特別食のようなものだからです。その恵みによって、罪に病んでいたわたしたちの内に再び生きる力と希望が回復されていくのです（ローマ一五13）。

問54　「聖なる公同の教会」について、
あなたは何を信じていますか。

答　神の御子が、全人類の中から、
御自身のために永遠の命へと選ばれた一つの群れを
御自分の御霊と御言葉とにより、
まことの信仰の一致において、
世の初めから終わりまで
集め、守り、保たれる、ということ。
そしてまた、わたしがその群れの生きた部分であり、
永遠にそうあり続ける、ということです。

今日「教会」と言えば、ほぼ間違いなくキリスト教会を指すほど一般的になった言葉ですが、もとのギリシア語「エクレシア」には〝教える〟という意味はありません。〝呼び出された人々／召集された人々〟というのが本来の意味です。「神の御子」が「全人類の中から、御自身のために永遠の命へと選ばれた一つの群れ」、それが教会です（エフェソ一3－14）。

けれどもそれは、特別に優れている人々の集まりなのではありません。教会とはむしろ、「疲れた者、重荷を負う者は、だれでもわたしのもとに来なさい」と言われた主イエスの御声に応えた

罪人の群れです（マタイ一一28）。わたしたちを救うために御自分の命さえも犠牲にされた良い羊飼い・キリストの御声に導かれる羊の群れなのです（ヨハネ一〇1－18）。

教会が「聖なる」と言われるのは、主イエスが「御自分の御霊と御言葉」によって働かれる場所だからです。また「公同の（カトリック）」と言われるのは、主がこの群れをあらゆる人々・時代・場所からお集めになるからです。キリストの教会は、あらゆるボーダーを超えて広がり行く神の国の見える姿なのです（黙示五9）。

主イエスの霊と言葉によって集められた群れは、同じく主の霊と言葉によって成長させられます（Ⅰペトロ二2）。たんに気が合うからとか趣味が合うからなのではなく、教会の中心におられる生けるキリストに対する「まことの信仰の一致において」集められ・守られ・保たれる群れです。

このようなキリストの教会は「世の初めから終わりまで」集められ・守られ・保たれると言われます。アダムとエバが創造された時から、アブラハム・イサク・ヤコブの時代、イスラエルの民の歴史を通して、キリストの教会は存在し続けてきました。よく誤解されますが、ペンテコステの日を境にキリスト教会が誕生したのではありません。旧約の民たちもまたキリストの教会のメンバーです。ただ彼らはキリストというお方がどのようなお方であるかを未だ明確には知らなかったために、はるかにそれを望み見て喜びにあふれた民なのでした（ヨハネ八56、ヘブライ一一13）。それに対して新約の民は、今や救いを実現された信仰の創始者であり完成者であるイエスをしっかりと見つめながら、言葉に尽くせない喜びに生きる民なのです（ヘブライ一二2、Ⅰペトロ一8）。

『信仰問答』は、教会について解説しただけで終わっていません。キリストの教会がどんなにすばらしいものであるかを理解したとしても、それがわたしにとって益になるわけではないからです。大切なことは、この罪深い「わたしがその群れの生きた部分」とされ、しかも「永遠にそうあり続ける」という事実を信じることです。

主イエス・キリストは、御自分をぶどうの木にたとえられて、こう言われました。「わたしはぶどうの木、あなたがたはその枝である。人がわたしにつながっており、わたしもその人につながっていれば、その人は豊かに実を結ぶ」（ヨハネ一五5）。教会につながるとは、こういうことです。洗礼を受け・告白をし・教会のメンバーになるというのは、たんに末席を汚す者となるということではありません。キリストの命にあずかる者になる、わたしの内にもキリストの命が通い、しかも永遠にその命に留まる者とされる、ということです（問51参照）。

パウロが「どんな被造物も、わたしたちの主キリスト・イエスによって示された神の愛から、わたしたちを引き離すことはできない！」と感極まって叫んでいるのは、実にこのつながりのことです（ローマ八39）。わたしたちが強いからではなく、キリストが強いのです。わたしが自分の力でつながっているからではなく、神の御子がわたしをつかんでおられるから引き離されないのです。

「聖なる公同の教会」を信ずる信仰は、父・子・聖霊を信ずる信仰とは違います。罪人の集まりである地上の教会を神と同じように信頼することは、残念ながらできません。牧師や教会の言動が常にただしいとも限りません。それにもかかわらず、わたしたちは教会を信じます。キリストの教会の内にキリスト御自身が働いておられるからです。わたしたちを愛してやまない主イエスが、今日もなお御自分の教会を集め・守り・保ってくださる。このキリストの御業を、わたしたちは信じるのです（問31も参照）。

問55 「聖徒の交わり」について、あなたは何を理解していますか。

答 第一に、信徒は誰であれ、群れの一部として、
主キリストとこの方のあらゆる富と賜物に
あずかっている、ということ。
第二に、各自は自分の賜物を、
他の部分の益と救いとのために、
自発的に喜んで用いる責任があることを
わきまえなければならない、ということです。

キリスト教会の中心は、何よりもまず主イエス・キリストです。この方が御自分の御霊と御言葉を通して今も働いておられる。それが、教会が「聖」と呼ばれる理由だと、前回学びました。このお方はこの世と自分自身の罪の重荷にあえいでいるわたしたちを憐れみ・愛し・重荷から解き放っ

てくださる方です。そこには何の差別もありません。「ユダヤ人もギリシア人もなく、奴隷も自由な身分の者もなく、男も女もありません。あなたがたは皆、キリスト・イエスにおいて一つだからです」（ガラテヤ三28）。

こうしてキリストに結び合わされた人々の共同体、それを「聖徒の交わり」と呼びます。集まる人々が「聖」なのではありません。集めてくださる方が「聖」なのです。この方が、御自分の血によってわたしたちの罪を完全に赦し、〝聖なる者〟としてみなしてくださる（Iコリント一2）。これがキリストの教会です。ですから、「聖徒の交わり」とは、キリストによって罪赦された者たちの共同体と言えましょう。この共同体では、一人一人がかけがえのない存在です。主イエス・キリストが命がけで愛してくださった方々だからです。

主イエス・キリストを信じる「信徒は誰であれ、群れの一部」となります。この場合の「一部」または他の「部分」と訳された言葉は英語で言えば〝member〟で、もとのドイツ語でも〝会員〟とも体の〝部分〟とも訳せるおもしろい言葉です。つまり、キリスト教会のメンバーになるということは、まさにキリストの体の一部になるということなのです！

聖書は教会をキリストの体にたとえていますが（ローマ一二5、Iコリント一二7など）、その中心的な意味はキリストの命にあずかるということにあります。しかもその命は豊かです（ヨハネ一16、一〇10）。「主キリストとこの方のあらゆる富と賜物にあずかっている」からです。キリストを通してわたしたちは、いわば天上のあらゆる賜物にあずかるのです。

キリストの体の一部となった人には皆、この命が流れています。体につながっている以上、その命にあずからない部分などありません。たとい自分がつまらない者のように思えることがあるとしても、このキリストの計り知れない富に確かにあずかっているのだということを忘れないようにしましょう（エフェソ三8）。

しかし、キリストの教会のメンバーは、それだけで終わってはなりません。自分の幸せだけで満足するのではなく「各自は自分の賜物を、他の部分の益と救いとのために、自発的に喜んで用いる責任が」あります。なぜなら、第一に、わたしたちが持っているもので自分がもともと持っていたものなど一つもないからです（Ⅰコリント四7）。すべては神から与えられた賜物です。わたしたちはその管理者にすぎません（Ⅰペトロ四10）。そうであれば、神の御心にかなって用いることが求められます。

第二に、わたしたちがいただいている賜物は、主が自ら犠牲を払ってくださった愛の賜物だからです。わたしたちは、どうしてそれを自分の利益のためだけで終わらせることができましょうか。主イエス・キリストの命の通う賜物は、主がなさったように互いの益と救いのために用いて初めてその真価が発揮されるものです。

第三に、キリストの賜物は、キリストの体全体のものだからです。手は手のためだけにあるのではありません。足も足だけのためにあるのではありません。体全体のためにあるのです。一つ一つの部分が他の部分のために自分の務めを果たす時に、体は全体として健全に成長していきます。体には多少見劣りがする部分や弱い部分もあるかもしれません。しかし、「神は、見劣りのする部分をいっそう引き立たせて、体を組み立てられました」（Ⅰコリント一二24）。それは互いに配慮し合い、「喜ぶ人と共に喜び、泣く人と共に泣く」というキリストの愛の共同体として成長するためです（ローマ一二15）。

キリストの教会では、賜物の出し惜しみは禁物です。一人一人が大切にされ、皆が自分に与えられた賜物を「自発的に喜んで」用いていく時に、わたし自身も全体も輝くものとなるでしょう。それが、キリストを中心とした健全な「聖徒の交わり」の姿です。

問56　「罪のゆるし」について、あなたは何を信じていますか。

答　神が、キリストの償いのゆえに、
　　わたしのすべての罪と、
　さらにわたしが生涯戦わなければならない
　罪深い性質をも、
　もはや覚えようとはなさらず、
それどころか、恵みにより、キリストの義をわたしに与えて、
　わたしがもはや決して

裁きにあうことのないようにしてくださる、ということです。

目には見えない聖霊のお働きは「聖なる公同の教会」や「聖徒の交わり」において具体的に現れます。心に留めたいことは、いずれも集団であるということです。神は人を創造なさった時、「人が独りでいるのは良くない」と言われました(創世二18)。人間は孤独であってはいけないということです。共に生きる仲間がいて初めて、力を合わせ心を合わせて生きる社会を人間は作り出すことができるのです。

聖霊は、堕落によって本来の輝きを失い破壊されてしまった人間の社会や共同体を再生なさいます。そのように聖霊によって生み出された信仰共同体である教会こそ、神の民の新しいあり方、新しい共同体の姿を表していると言えましょう。

この新しい共同体は、しかし、未だ理想的な〝聖人の交わり〟ではありません。むしろキリストによって赦された罪人たちの共同体なのだと、先に学びました。つまり、この世を旅するキリストの教会にとって「罪のゆるし」はその根幹に関わる本質的な事柄だということです。この「罪のゆるし」についてただしい理解を持つことが、教会を真に教会らしくすることでしょう。

「あなたのような神がほかにあろうか/咎を除き、罪を赦される神が……/主は再び我らを憐れみ/我らの咎を抑え/すべての罪を海の深みに投げ込まれる」(ミカ七18－19)。これがわたしたちの信じる神です。二度と浮き上がってこない「海の深み」へとわたしたちの罪を投げ込まれる。つまりは完全に忘れる。思い起こさないということです。このことを『信仰問答』は「もはや覚えようとはなさらず」とか「もはや決して裁きにあうことのないようにしてくださる」と表現しています。

そのようにして神が忘れ去ってくださる罪には、三つの側面があります。第一に、わたしがこれまで犯し続けてきた「すべての罪」。第二に、「わたしが生涯戦わなければならない罪深い性質」。善をなそうという意志があってもそれを実行できない。それどころか、してはならないことさえしてしまう惨めな自分がいる（ローマ七15以下）。それはわたしの中に巣くう「罪深い性質」のゆえです。そして第三に、わたしが将来にわたって犯すであろう罪。すなわち、過去と現在と未来にわたるわたしの罪を、神はことごとく赦してくださるということです。

この驚くべき神の寛容また恩恵を〝無償の愛〟と呼ぶことがあります。それは必ずしも間違いではありませんが、事柄のもう一つの側面を忘れてしまう恐れがあります。この神の赦しは、決して〝無償〟ではないからです。神はわたしたちを赦す代わりに、多大な犠牲を自ら支払われました。「罪と何のかかわりもない方を、神はわたしたちのために罪となさいました。わたしたちはその方によって神の義を得ることができたのです」（Ⅱコリント五21）。「この方こそ、わたしたちの罪、いやわたしたちの罪ばかりでなく、全世界の罪を償ういけにえです」（Ⅰヨハネ二2）。

わたしたちの罪の赦しは、この「キリストの償いのゆえ」であって、決して無償なのではありません。神が御自分の独り子を犠牲にされたという想像を絶する償いのゆえに、わたしたちからはその償いが求められないだけです。これが〝無償の愛〟の真の意味です。〝濡れ衣〟という言葉があります。主イエス・キリストはわたしの濡れ衣を着せられました。いえ、自ら進んでそれを身にまとい、わたしの身代わりとなって裁きを受けてくださいました。そして、わたしに無実という純白の衣を着せてくださったのです。それゆえ、この「キリストの義」を着た者は「もはや決して裁きにあうこと」がありません（ガラテヤ三27、黙示三5）。

大切なことは、このキリストの命の重みを感じながら「罪のゆるし」を受けるということです。キリストの犠牲の重みを真に受け止めた人は、心を尽くしてキリストのために生きる者へと変えられるのではないでしょうか。キリストの愛の重みを身に染みて感じた人は、他者の罪をも心から赦す（忘れ去る）ことができるようになるのではないでしょうか。キリストの教会は、このキリストの赦しに基づく共同体です。それは〝赦しの愛〟に基づく新しい共同体なのです。

問57　「身体のよみがえり」は、
　　あなたにどのような慰めを与えますか。

答　わたしの魂が、この生涯の後直ちに、
　　頭なるキリストのもとへ迎え入れられる、

というだけではなく、
やがてわたしのこの体もまた、
キリストの御力によって引き起こされ、
再びわたしの魂と結び合わされて、
キリストの栄光の御体と同じ形に変えられる、
ということです。

死や死後のことはわたしたちがあずかり知らない事柄であるだけに、根も葉もないことがさまざまに言われます。しかし、聖書の教えは、そのような憶測の一つにすぎないものではありません。ただ一人死からよみがえられた方の約束に基づいているからです。

主イエスが十字架におかかりになった時、一緒に十字架刑に処せられていた犯罪人の一人が死の間際にイエスに対する信仰を表しました。「イエスよ、あなたの御国においでになるときには、わたしを思い出してください」。するとイエスは彼にこう約束なさいました。「はっきり言っておくが、あなたは今日わたしと一緒に楽園にいる」（ルカ二三42－43）。キリストに結ばれた者の魂は「この生涯の後直ちに、頭なるキリストのもとへ迎え入れられる」というのが、聖書の教えです。これはとても大切な教えです。キリストに結ばれた魂は、死後、決してその辺りをさまよっているのではありません。「直ちに」キリストのもとへと迎えられます。つまり、キリスト者のためには慰霊や供養の必要が全くないということです。これが、キリスト者の死のすばらしさです。

キリスト教の葬儀は、多くの場合、極めてシンプルです。葬儀の盛大さが魂の行方を決めるわけではないからです。キリストに結ばれて地上の生涯を走り終えた者の魂を、今や主がしっかりと抱いておられる。〝よく忍耐して走り抜いた。よく信仰を守り通した〟と、主が一人一人に朽ちない冠を授けてくださる（Ⅱテモテ四7－8）。これがわたしたちの慰めであり幸いなのです。

しかし、聖書の約束はそれだけではありません。**「やがてわたしのこの体もまた、キリストの御力によって引き起こされ、再びわたしの魂と結び合わされて、キリストの栄光の御体と同じ形に変えられる」**からです。キリストの復活は実にこのことの保証なのでした（Ⅰコリント一五20、問45）。

わたしたちの罪に汚れたこの体も、キリストの栄光の体のように変えられて復活する。この驚くべき約束が聖書に記されています（Ⅰコリント一五42以下）。その時にわたしの体は完全なものとして引き起こされ、聖くされたわたしの魂と再び結び合わされる。つまりは〝新しいわたし〟が出現するということです。果たしてそんなことがありうるのか、わたしたちには理解できません。誰も経験したことがないからです。ただキリストが復活されたという歴史的事実と、創造主であられる全能の神の力だけが頼りです。

「この体」と言われている点に注意しましょう。ちょうどキリストがそうであられたように（ルカ二四39）、わたしの「この体」が復活します。別人になるのではありません。わたしという存在は、この世とかの世を貫いてひと続きなのです。わたしを造ってくださった神は、このわたしを愛し、このわたしを造り変えてくださいます。ですから、わたしたちは地上の生涯をおろそかにしてはなりません。どうせ天国に行けるのだから、この世の自分とは関係ないと考えてはなりません。今のわたしが新しくされるのであって、わたしはわたしだからです。

未だ罪に汚れている魂と体です。多くの弱さや病や障碍に苦しむ体です。それにもかかわらず、キリストに結ばれた者として精一杯生きましょう。神から与えられた魂と体で心を込めて生きましょう。このわたしには、きっとわたしにしかできない神から与えられた仕事があるはずだからです。その仕事を果たし終えるまで、神から与えられたこの体で生きていきましょう。そうして地上の生涯を終える時、わたしたちはこの体をも神にお返しするのです。

キリスト教葬儀の目的の一つに、遺体を丁重に葬るということがあります。魂が大切なのだから遺体はどうでもよいとは考えません。体をくださったのは神様ですから、その人のために与えてくださった体を最後まで大切にして神様にお返しします。その遺体がやがてキリストの御力によって引き起こされる日を望み見るからです。

たとい一握りの灰になったとしても、土の塵から人を創造なさった全能の神は、再びわたしの体をも完全なものへと造り変えてくださることでしょう。もはや苦しむことも痛みも病も障碍もないキリストの栄光ある体と同じ形へと（フィリピ三21）。それが、キリストのものとなったわたしたちの希望です。

問58　「永遠の命」という箇条は、
あなたにどのような慰めを与えますか。

答　わたしが今、永遠の喜びの始まりを心に感じているように、
この生涯の後には、
目が見もせず耳が聞きもせず、
人の心に思い浮かびもしなかったような
完全な祝福を受け、
神を永遠にほめたたえるようになる、ということです。

問59　それでは、これらすべてを信じることは、
あなたにとって今どのような助けになりますか。

答　わたしが、キリストにあって神の御前で義とされ、
永遠の命の相続人となる、ということです。

罪と悲惨の状態に転落してしまった人間が再び救われるために信ずべきこと、それは三位一体の神がわたしたちのために成し遂げてくださった御業の数々でした。それらの信仰箇条の最後にあるのが「永遠の命」という箇条です。聖書が約束している神の救いのゴールと言ってもよいでしょう。

ところが、聖書の言う「永遠の命」は、わたしたちが普通に抱くイメージとはずいぶん違っているようです。十字架にかかる前の晩に捧げられた祈りの冒頭で、主イエスは自らの死によって今や多くの人々に永遠の命を与える時が来たことを告げています。そして、天の御父に向かってこう祈られるのです。「永遠の命とは、唯一のまことの神であられるあなたと、あなたのお遣わしになったイエス・キリストを知ることです」（ヨハネ一七3）。

聖書が告げる永遠の命とは、ただ永遠に生き続ける命ということではありません。時間の長さではなく命の〝質〟が問題なのです。何も考えずにただダラダラと生きていくのと余命の限界を知りつつ生きる日々とでは、時間の濃密さが違うことでしょう。大切な人や愛する人と共に過ごす一日が、その人無しで過ごす何年分にも優るということがあるのではないでしょうか。聖書が教える「永遠」とは、そのような命の質に関わることです。

罪と悲惨の中を何千年生きたとしても、それはひたすら生き地獄でありましょう。しかし、たとい短い生涯でも本当にわたしを愛して止まない方と共に生きることができたとしたら、それは永遠の価値を持つ年月だったと言えないでしょうか。事実、聖書は、こんなちっぽけなわたしたちを愛して救いの御計画を立ててくださった神と、それを命がけで実現してくださった独り子なる神が共にいてくださると証言しています。だからこそ主イエスは、この方を知ること、この方によって自分が愛されていることを知ることが「永遠の命」なのだとおっしゃるのです。永遠の神の愛によって、文字通り永遠に生かされることです。

したがって聖書は、イエスを信じて神の救いにあずかる者は「今」すでに永遠の命を受けていると断言します（ヨハネ三36）。やがて天国に行ってからというのではない、苦しみの尽きない地上の歩みのただ中で、すでに永遠の命を生き始めていると言うのです。たとい目には見えなくとも、キリストを愛する人々の中では本当に麗しいキリストとの交わりが始まっています。そこに喜びがあふれます（Ⅰペトロ一8）。愛する者との交わりだからです。「永遠の喜びの始まり」とはそういうことです。

興味深いことにラテン語版『信仰問答』では「喜び」が「命」となっています。ドイツ語原文は逆に命を喜びと表現しているわけです。なるほど、聖書における命とは喜びを伴うものです。逆に言えば、喜びのない命を「命」とは呼ばない。それは死にほかなりません。聖書が約束する命は喜びを伴うものなのです。それは、愛される喜びであり愛する喜びです。人の命は真に愛され真に愛することによって輝くからです。

この「永遠の喜びの始まり」は、やがて終わりの日に「目が見もせず耳が聞きもせず、人の心に思い浮かびもしなかったような完全な祝福」に至ります。これが、わたしたちの救いの完成です。イエス・キリストに結び合わされて生きる者となっただけでも嬉しいことです。罪深く惨めな今までの人生ではなく、神に赦され愛されて、救われている人生を生きることは何と大きな慰めであり喜びであろうかと思います。しかし、それで終わりなのではない。今見ていない方をやがてこの目ではっきりと見るようになる。想像を絶する神との完全な交わり・祝福・喜びの中に憩う日が来ると、聖書は約束しています。
そのような「完全な祝福」を人間に与えること、それが神の救いの御計画のゴールであり人間創造の目的なのでした（問6参照）。この祝福のために歴史と宇宙は導かれ、そのために神は御自分の独り子をさえ惜しまずに与えられました。その日、わたしたちはこの驚くべき神を「永遠にほめたたえる」者となります。その日に至るまで、わたしたちはその喜びの始まりを心に感じつつ「永遠の命の相続人」として、この世を生きていくのです。

問60　どのようにしてあなたは神の御前で義とされるのですか。
答　ただイエス・キリストを信じる、
　まことの信仰によってのみです。
すなわち、たとえわたしの良心がわたしに向かって、
「お前は神の戒めすべてに対して、
はなはだしく罪を犯しており、
それを何一つ守ったこともなく、
今なお絶えずあらゆる悪に傾いている」
と責め立てたとしても、

神は、わたしのいかなる功績にもよらず
ただ恵みによって、
キリストの完全な償いと義と聖とをわたしに与え、
わたしのものとし、
あたかもわたしが何一つ罪を犯したことも
罪人であったこともなく、
キリストがわたしに代わって果された服従を
すべてわたし自身が成し遂げたかのように
みなしてくださいます。
そして、そうなるのはただ、わたしがこのような恩恵を
信仰の心で受け入れる時だけなのです。

これまで学んできたことすべてを信じることは、今のわたしの生活にとって大きく二つの益をもたらすと問59は教えました。一つは神の御前で義とされること、もう一つは永遠の命の相続人となることです。永遠の命という天国行きの切符を得たことが大きな恵みであることはよくわかりますが、キリストにあって「神の御前で義とされる」とはいったいどういうことなのでしょう。
この問いに対する少々長い答えこそ、キリスト教の歴史を大きく変えた宗教改革という出来事の

中心にあった問題です。「ただイエス・キリストを信じる、まことの信仰によってのみ」人は神に義とされる。これがいわゆる〝信仰義認〟と呼ばれる聖書の教理です。

いったい何が問題だったのでしょうか。『信仰問答』は、興味深いことに、わたしたちの〝良心の声〟についてまず語っています。「お前は神の戒めすべてに対して、はなはだしく罪を犯しており、それを何一つ守ったこともなく、今なお絶えずあらゆる悪に傾いている」。どんなに取り繕おうが人の見ていないところでお前がどんなに多くの罪を犯しているかわたしは知っているぞ。そもそもこれまで神の戒めを完全に守ったことなど一度もないではないか。今は教会に通っているかもしれない、洗礼を受けているかもしれない、クリスチャンだと言っているかもしれないが、外から見えないお前の心は悪い思いで渦巻いているではないか……。

この鍵括弧で括られた良心の声、これが実は当時まじめに生きていた人々の心の声そのものなのでした。宗教改革の立役者マルティン・ルターも例外ではありません。彼が未だ修道士であった時、この心の声がルターをずっと悩ませていました。修道院長に相談しても、そんなに悩む必要はないと言われる。実際、はた目から見れば、修道士ルターの生活は模範的な生活そのものでした。ところが、自分自身の良心の声がそれを赦さない。それにルターは苦しみました。なぜなら、心の奥をお見通しになる神の赦しを得られない以上、そこに待ち受けているのは聖なる神の審判と永遠の滅びにほかならなかったからです。

ところが、わたしの良心がいかに責め立てたとしても、「神は、わたしのいかなる功績にもよらずただ恵みによって、キリストの完全な償いと義と聖とをわたしに与え、わたしのものと」してくださると言うのです。先ほどの良心の声をまるで裏返しにしたように「あたかもわたしが何一つ罪を犯したことも罪人であったこともなく、キリストがわたしに代わって果たされた服従をすべてわたし自身が成し遂げたかのようにみなして」くださると言われます。

わたしの声が問題なのではない。キリストがわたしのために何をなさったのかが問題だと。たといわたしの声が責め立てたとしても、神の御声がわたしを赦すとおっしゃる。わたし自身をまるでキリストであるかのように、義人とみなしてくださる。これが〝義認〟ということです。そして、それはただ「わたしがこのような恩恵を信仰の心で受け入れる時だけ」起こることなのです。

イエス・キリストを信じるとは、ちょうど傘の中に逃げ込むようなものです。傘の中には依然として真っ黒な心を持つわたしたちがいたとしても、傘の上からは隠れて見えない。いくら目を凝らしてもわたしの姿は見えない。傘しか目に入らない。真っ黒なわたしの上にキリストの真っ赤な傘が覆います。わたしの罪を赦すために流された血潮に染まった真っ赤な傘が、わたしのすべてを覆うのです。それはキリストの愛の傘です。キリストを信じるとは、この愛の傘を信じることです。信じてここに留まることです。

「従って、今や、キリスト・イエスに結ばれている者は、罪に定められることはありません」（ローマ八1）。「たとえ罪を犯しても、御父のもとに弁護者、正しい方、イエス・キリストがおられます」（Ⅰヨハネ二1）。わたしたちの心よりも大きく、すべてを御存知である神が、安心しなさいとおっしゃってくださる（Ⅰヨハネ三19－20参照）。

これが聖書の福音です。この福音によって宗教改革が起こりました。それは、わたしたち人間の最も深い心の闇に差し込んだ救いの光の発見でした。誰にも奪うことのできないキリストにある神の平安であり、今日もわたしたちを生かし続ける神の力です。

問61　なぜあなたは信仰によってのみ義とされる、と言うのですか。

答　それは、わたしが自分の信仰の価値のゆえに神に喜ばれる、

というのではなく、

ただキリストの償いと義と聖だけが

神の御前におけるわたしの義なのであり、

わたしは、ただ信仰による以外に、

それを受け取ることも

自分のものにすることもできないからです。

わたしたち罪人が、ただイエス・キリストを信じる信仰によって義とされる。神の御前で全く罪のない者とみなされる。この驚くべきメッセージの発見。それが世界の歴史を大きく変えていく発

端になったと学びました。もちろん、そのことは初めから聖書に書かれていたことです。ルターがこの教えを発明したのではありません。発明ではなく発見したのです。聖書という書物が、こんなにも喜びに満ち光に満ちている書物であったということを再発見したのです。

他方で、しかし、このような聖書の教えは当時の人々にとって全く耳新しい教えであり、実際多くの誤解も生じました。そこで『信仰問答』も問64まで少々くどいほど丁寧に、この教えについて説明をしています。宗教改革の時代、五つの〝のみ〟が主張されました。信仰によってのみ・キリストによってのみ・恩恵によってのみ・聖書のみ・神の栄光のみです。これらはみな互いに関係していますが、問61では「信仰によってのみ」の意味が教えられています。

第一に、「**信仰によってのみ義とされる**」とは、「**自分の信仰の価値のゆえに神に喜ばれる**」という意味ではありません。信仰者の〝信心の力〟によって救われる、ということではない。信仰心が篤いとか立派な信仰であるとか、時折耳にします。事実、聖書でも「信仰」という言葉はさまざまな意味で用いられています。しかし、少なくとも「信仰によって救われる」という時の「信仰」には、そのような区別はありません。より信心を積んだ者がレベルの高い救いに入り、そうでない者は低いレベルの救いにしかあずかれないという区別はないのです。

〝信仰義認〟とは、すでに問60で学んだとおり、わたしが神の前に立つのではなく、キリストがわたしの前に立ってくださるということだからです。わたしが立つのであれば、天にまで届くような立派な信心が必要でしょう（それは人間には不可能です！）。しかし、キリストが神の御前でわたしを覆い隠してくださる。「ただキリストの償いと義と聖だけが神の御前におけるわたしの義」となるのであって、わたしの信仰の価値が問題なのではありません。

しかし、もしキリストがすべての人の前に立ってくださるのなら、そもそも信仰など必要ないではないかという疑問が生じます。それに対する答えが、第二の点です。信仰とは、このキリストの義を受け取って「自分のものにする」ことだ、ということです。せっかくすべての人のためにプレゼントが用意されていても、それを受け取ろうとする心がなければ決して自分のものにはなりません。キリストが成し遂げてくださった償いも、わたしが受け取らなければわたしのものにはならないのです。

ですから、聖書の信仰は決して強制することができませんし、強制してもいけません。大切なのは心です。こんなわたしのためにキリストが何をしてくださったのかをよく知ることです。そうして、次第次第に、この方を信じたい・信じようと導かれていく心、それが信仰ということです。信仰の価値ではなく、このキリストを受け入れたいと願う心の有無。それが問われます。

「神は、その独り子をお与えになったほどに、世を愛された。独り子を信じる者が一人も滅びないで、永遠の命を得るためである」(ヨハネ三16)。わたしの前に立つキリストは、ロボットではありません。わたしを愛するがゆえに立ってくださったのです。そうであれば、この方を信じる信仰もまた愛を伴うのは当然です。わたしの前に立ってくださる方を〝わが主〟と自分の口で告白する時、神の救いは実現します。そこに喜びと感謝があふれます。そこに新しく生きようとの決意が生まれるのです。
「信仰によってのみ」義とされるとは、信仰の〝ゆえに〟でも〝なしに〟でもなく、キリストが成し遂げてくださったことを無上の喜びをもって受け取ること。いえ、そうする以外に罪人のわたしにできることなどないという、キリストへの絶対的信頼の告白です。「信仰によってのみ」が、なぜ〝キリストによってのみ〟と同じことなのか、御理解いただけたでしょうか。

問62　しかしなぜ、わたしたちの善い行いは、神の御前で義またはその一部にすらなることができないのですか。

答　なぜなら、神の裁きに耐えうる義とは、あらゆる点で完全であり、神の律法に全く一致するものでなければなりませんが、この世におけるわたしたちの最善の行いですら、ことごとく不完全であり、罪に汚れているからです。

聖書の最も大切な教えとして、わたしたちは主イエス・キリストを信じることによってのみ救われるということを学びました。しかしこのことは、普通の人々が抱いている宗教の感覚からは少しずれているかもしれません。信仰者が信仰心を持つのは当り前だとしても、信仰者は同時に善い人間でもある、少なくともそのように努力する人でなければならない、というのが普通の感覚ではないでしょうか。

ところが、聖書は〝信仰によってのみ〟救われると言う。それだけを求めるのです。すると自然な感情として「善い行い」はいらないのですかと尋ねたくなる。善人にならなくてもいいのですか、と。実際、この『信仰問答』が作られた時代は善い行いをしなければ地獄に行くと信じられていた時代で、たとい善行を積んでもなお死後煉獄《れんごく》で清められねばならないほどでした。ですから宗教改革者たちが〝信仰のみ〟と言った時に、善い行いはどうなるんだと人々が疑問に思ったのは当然のことでした。『信仰問答』は、その疑問に問62から64で答えます。

まず肝に銘じなければならないことは、わたしたちが「善い」と考えるレベルと神のレベルとは雲泥の差があるということです。わたしたちが考える善い行いとは、せいぜい世のため人のためになるような行いということではないでしょうか。しかし、聖書が求める善い行いとは、「**神の裁きに耐えうる義**」のことであり、わたしたちが考えているレベルとは根本的に違います。

では、神の裁きに耐えうる義とは何か。それは第一に、「**あらゆる点で完全**」であることです。例えば、水の上に一滴の墨汁が落ちると、もはや「完全」に清い水とは言えなくなります。どんなに小さな汚点でも、神の基準にかなった義ではなくなるからです（ヤコブ二10）。

第二に、それは「神の律法に全く一致するものでなければなりません」。完全な一致とは、聖書の掟を全部守るということでは必ずしもありません。聖書に表された神の御心に一致することです。神が欲してもいないことを勝手に押しつける〝親切の押し売り〟は義とは言えません。あくまでも神がお求めになることに一致しなければ、神の裁きに耐えることなどできないからです。

しかし、それでは、誰も善い行いなどできないではないか。その通りです。ですから聖書は誰にもできないと言っています。「この世におけるわたしたちの最善の行いですら、ことごとく不完全であり、罪に汚れている」からです。人がすることは何でも悪いことばかり、というのではありません。ただ、神の御心に一致していないということです。逆に言えば、神の御心をいささかでも理解しない限り、人間にはそもそも神の基準がよくわかっていないということになるでしょう。

この一番良い例が、パウロです。パウロは、最も厳格なファリサイ派に属するユダヤ人で「律法の義については落ち度がない」と言い切れるほど立派に神の律法に従って生きていた人です(フィリピ三6)。ところが、他でもないこのパウロが「律法を実行することによっては、だれ一人神の前で義とされない」と言うように変わったのです(ローマ三20)。なぜでしょうか。主イエスという方を知ったからです。神の求める義がどれほど深く、どれほど壮絶な献身を求めるものであったか。それをイエス・キリストを通して知ったからです。神の義とは、神が御自分の愛する独り子を十字架で犠牲にしなければ決して全うできないようなものであった。人間が善いと考えるレベルをはるかに越えた、想像を絶する神の義が十字架において成し遂げられた。そこに現された神の心・神の愛にパウロは圧倒されました。人は神の憐れみによってのみ救われる。「律法から生じる自分の義ではなく、キリストへの信仰による義」（フィリピ三9）によって生きていく以外に「善い」道など人間にはない。それがパウロの確信となりました。

ですから、人は自分の「善い行い」によって救われるのではないという主張は、たんに聖書の教えであるという以上に、十字架上に現された神の壮絶な愛の心に圧倒された者たち、そして、この神の憐れみによって生きる喜びを知った者たちの〝信仰告白〟の言葉でもあると言えましょう。

問63　しかし、わたしたちの善い行いは、
　　　神がこの世と後の世でそれに報いてくださるというのに、
　　　それでも何の値打ちもないのですか。
答　その報酬は、功績によるのではなく、恵みによるのです。
問64　この教えは、無分別で放縦《ほうじゅう》な人々を作るのではありませんか。
答　いいえ。
　　なぜなら、まことの信仰によって
　　　キリストに接ぎ木された人々が、
　　感謝の実を結ばないことなど、ありえないからです。

わたしたち罪人が救われるのは「善い行い」によるのではない。そもそもわたしたちがする善い行いなど神の御旨に一〇〇％適うようなものではない。そう学びました。しかし聖書を読むと、それとはまた別なことも書かれていることに気づきます。神がわたしたちの業に「報いてくださる」ということです。

「わたしの名のために、家、兄弟、姉妹、父、母、子供、畑を捨てた者は皆、その百倍もの報いを受け、永遠の命を受け継ぐ」（マタイ一九29）。

「喜びなさい。大いに喜びなさい。天には大きな報いがある」（マタイ五12）。

「だれかがその土台の上に建てた仕事が残れば、その人は報いを受けます」（Ⅰコリント三14）。

「見よ、わたしはすぐに来る。わたしは、報いを携えて来て、それぞれの行いに応じて報いる」（黙示二二12）。

神はわたしたちがすることに報いを与えてくださる。この世でも後の世でも報いてくださると聖書は教えているようですが、これらの言葉をどう理解すればよいのでしょう。

「その報酬は、功績によるのではなく、恵みによる」というのが、答えです。つまり、営業マンの業績のように、これだけの成果を出したからこれだけの報酬をもらえるというものではない。そうではなく、主が約束してくださる「報酬」とは、「恵み」として与えられる御ほうびのようなものだということです。

このことをよく教えているたとえ話が〝ぶどう園の労働者〟のお話です（マタイ二〇1－16）。朝早くから働いた人にも最後の一時間しか働いていない人にも、主人は同じだけの報酬を与えました。もし報酬が働いた分に応じて決められるのだとすれば、これは不公平です。しかし、この気前のよい主人は、誰にも雇ってもらえない挫折感を味わっていた人々にも働く喜び・生きる喜びを与えたかった。これは冷たい雇用関係などではない。主人の愛に基づいた人格的関係であり、「恵み」による関係です。小さな子どもが一所懸命にしようとする「善い行い」を、親はその出来不出来にかかわらず褒めて励まそうとするでしょう。子どもの人格的な成長を願うからです。それと同様に、神もまた御自分の子どもたちの成長を願って叱咤激励し、「報い」を与えようとおっしゃってくださるのです。

けれども、そのように甘やかしていると「無分別で放縦な人々を作るのではありませんか」と『信仰問答』は案じます。これは、救いに善い行いはいらないという信仰義認の教えに対する批判を代弁する問いです。人間が安易な方に流されやすいというのは本当です。それにもかかわらず、『信仰問答』は「いいえ」と断言します。「まことの信仰によってキリストに接ぎ木された人々が、**感謝の実を結ばないことなど、ありえないからです**」と。

わたしたちの罪を赦すために、御自分の独り子を十字架につけた壮絶な神の愛。功績によって人の価値をはからず、すべての人をありのままに受け入れるために主イエスが払った筆舌に尽くし難い犠牲。この神の赦しの愛に心打たれ、「まことの信仰によって」キリストに結ばれた人々が、何の感謝の実も結ばないということなどありえない（Ⅰヨハネ三16）。それが聖書の論理であり、『信仰問答』の確信です。

その「実」が大きいか小さいかは、人によって違うでしょう。にもかかわらず、主イエスに結ばれた人は必ず実を結びます。たとい死んだように見える枝でも生きた幹にしっかりつながっているならば必ず実を結ぶように、キリストにつながっている者もまた豊かな実を結ぶと、主御自身が約束しておられます（ヨハネ一五5）。

神の愛を知れば知るほど、キリストの恵みを味わえば味わうほど、わたしたちの心もまた少しずつ変えられていきます。誰から強制されなくとも、自発的に主の愛に応えて生きたいとの願いが生まれてくることでしょう。これがキリスト者の生活です。義理や義務感からではなく、〝こんなわたしを心にかけてくださってありがとう〟という「感謝」の心から生まれる行為です。

それゆえ、キリスト者の「善い行い」とは、キリストに結ばれるという恵みによって自然に生み出されていく実りにほかなりません。

聖なる礼典について

問65　ただ信仰のみが、わたしたちを

キリストとそのすべての恵みにあずからせるのだとすれば、
そのような信仰はどこから来るのですか。

答　聖霊が、わたしたちの心に
聖なる福音の説教を通してそれを起こし、
聖礼典の執行を通してそれを確かにしてくださるのです。

イエス・キリストに結び合わされた人々は、必ず豊かな「実」を結ぶと学びました。『信仰問答』は、その感謝の生活を最後の第三部（問86以下）で教えます。しかし、そもそも人はそのような信仰にどのように導かれるのでしょうか。また、その信仰は何によって強められていくのでしょうか。それが今回のテーマです。

わたしたち罪人が主イエスを信じるようになるプロセスは不思議です。「神は、すべての人々が救われて真理を知るようになることを望んでおられます」（Ⅰテモテ二4）が、すべての人々が信じるわけではありません。ある人は信じますが、ある人は違います。これは決してわたしたちの努力によるのでも、まして強制的になされることでもありません。信じるという心の働きは、人間の最も深い心の働きだからです。信教の自由が人権の中でも最も大切なものとして重んじられるのはそのためです。

皆さんが、教会やキリスト教に導かれたきっかけは何でしたか。生まれた時からクリスチャン・

ホームで、友人に誘われて、学校の宿題で、たまたま聖書をもらって、心や体の病気になって、人に言えない悩みにぶつかって等々、理由はさまざまでしょう。しかし、それだけで信じるようになるわけでもありません。自分が聖書の時代に生きていて、イエスの奇跡を目の当たりにしたら信じただろうと言う人が時々いますが、そんなことはありません。当時も今も、信じることは神の不思議な御業です。

聖書の中に、リディアという女性の話が出てきます。紫布を商う商人だった彼女がある集会で伝道者パウロの話に耳を傾けていた時、「主が彼女の心を開かれたので、彼女はパウロの話を注意深く聞いた」とあります（使徒一六14）。他にも聞いていた人はいたでしょうに、彼女だけが熱心に耳を傾けた。聖書はそれを人間のあずかり知らない主の御業だと言っています。

神に対する信仰とは、「聖霊が、わたしたちの心に聖なる福音の説教を通して」起こす御業です。死にかけているような罪人の心の一番深い部分に、聖霊が働かれて生み出されるのです。「起こす」を「火を灯す」とラテン語版が表現しているように、真っ暗で冷たい心の闇がぱあっと明るく燃やされるような聖霊の働きです。

このような神秘的な出来事は、しかし、あくまでも「福音の説教を通して」起こります。少なくとも聖書の神に対する信仰は、何もわからずに信じることでも脅されて信じることでもない。むしろ、わたしたちがこれまで学んできた主イエス・キリストの福音——神がどれほどわたしたちを愛して、どれほど大きな犠牲を払って救おうとしてくださったか——を繰り返し学んでいくうちに心開かれ、この方に対する愛と信頼が生まれてくる。それが信仰です。この福音の働きについては、問84以下で再び取り上げます。

さて、そのようにわたしたちの心に芽生える信仰にとってもう一つ大切なことは、その信仰が「確かに」されることです。聖霊はそれを「聖礼典の執行を通して」為してくださると、『信仰問答』は教えます。キリストの教会で行われる洗礼式や聖餐式などの「聖礼典の執行を通して」信仰は確かにされます。信仰を確かにするためのものですから、洗礼も聖餐も信仰が前提とされます。信仰が無いまま礼典にあずかっても意味がないからです。

「洗礼や聖餐は受けなければなりませんか?」と時々聞かれることがあります。心の中で信じるだけではいけないのかと。もちろん〝いけない〟ということはありません。しかし、逆に、〝受けられない/受けたくない〟という理由は何でしょうか。何か自分の中にまだもやもやしたことや躊躇する気持ちがあるのではないでしょうか。礼典は、まさにそのようなわたしたちの信仰を「確か」にするために神がくださった手段です。

いつまであれこれ悩んでいてもしょうがない。すべてを神様にお委ねして自分を丸ごと明け渡す。それが洗礼です。自分の力で生きているのではない、キリストがわたしを愛して生かしておられる。それが聖餐の恵みです。情けないほどに弱いわたしたちが、神の救いの中で生かされていることの確かさ。礼典を通して与えられる確かさとは、今や神の御手の中に生きる者とされたことの確かさにほかなりません。

問66　礼典とは何ですか。

答　それは、神によって制定された、
　目に見える聖なるしるしまた封印であって、
神は、その執行を通して、
福音の約束をよりよくわたしたちに理解させ、
　封印なさるのです。
その約束とは、
十字架上で成就されたキリストの唯一の犠牲のゆえに、
神が、恵みによって、罪の赦しと永遠の命とを
　わたしたちに注いでくださる、ということです。

説教も礼典も、キリスト教の最初期から守られ続けてきた、教会のとりわけ礼拝における大切な営みです。それぞれの教会の立場や伝統によってこれらの用い方や意味づけが異なり、時には論争になることさえありましたが、まずは一つの立場をきちんと理解することが大切です。そうすることで互いを理解することもできるからです。

「礼典」は英語でSacramentと言います。もともとはSacramentumというラテン語から来ていますが、これを日本のプロテスタント教会では通常「礼典」と訳し、カトリック教会では「秘跡」、東方正教会では「機密」と訳しています。ラテン語のSacramentumは、元来、兵士が入隊する際の誓約を指す言葉で、皇帝や神々に対する忠誠を誓って一兵卒として軍務に尽くすことを表したそうですが、後には秘義や奥義という意味も帯びるようになりました。教会における洗礼や聖餐が、似たような意味の広がりを持っていたためでしょう。やがて、この言葉が礼典を表す専門用語として用いられるようになりました。

『信仰問答』は、礼典を次のように簡潔に定義しています。「**それは、神によって制定された、目に見える聖なるしるしまた封印**」であると。第一に、それは「神によって制定された」ものです。教会にはさまざまな儀式がありますが、神によって制定されたもののみをサクラメントと呼びます。

第二に、それは「目に見える」ものです。説教を聞くだけで十分と考える人もいるかもしれませんが。しかし、神は、目に見えることに左右されがちなわたしたちのために、キリストの恵みを頭や心だけでなく、目で見て五感で感じることができるような形でお与えくださったのです。

第三に、それは「しるしまた封印」です。「アブラハムは、割礼を受ける前に信仰によって義とされた証し［原語―しるし］として、割礼の印［原語―封印］を受けた」とパウロは言っています（ローマ四11）。アブラハムは神の約束をまっすぐに信じ、神はそれを義とお認めになりました。しかし、神の存在も御心も目には見えません。それで、神はアブラハムが義であることを示す「しるし」として割礼をお与えになり、あたかもその人に恵みを封じる「封印」のように、神の義が与えられたことを示されました。

このことからわかるように、礼典の目的は、その執行を通して「福音の約束をよりよくわたしたちに理解させ、封印」することにあります。つまり、礼典とは、決して聖職者だけが理解できる摩訶不思議な儀式なのではなく、本来すべての信徒のために神がお与えくださった儀式であるということです。信徒一人一人が福音の約束をよりよく理解し、その恵みが自分にも確かに与えられていることを確信するための儀式なのです。

そのように理解すべき福音の約束とは、「十字架上で成就されたキリストの唯一の犠牲のゆえに、神が、恵みによって、罪の赦しと永遠の命とをわたしたちに注いでくださる」ということです。十字架のキリストの犠牲のゆえに、こんなわたしの罪でも今やことごとく赦されている。イエス様のおかげで、こんなわたしでも永遠の命にあずかっている。この驚くべき福音の約束をより良く理解させ、それを一人一人に確信させる。それが礼典の目的です。

イエス・キリストが命がけでわたしたちのために獲得してくださった恵みを、わたしたちが肌で感じ、口で味わい、全身で受け止めるためです。それは、キリストの救いの恵みと力がわたしたちの全生活に及んでいることの証しにほかなりません。目には見えない風を葉の動きに見て肌で感じるように、礼典にあずかるたびに、〝ああ、イエス様の恵みが今日も確かにある。わたしの中に、わたしの生活の中に確かにある〟と、聖霊の働きによってわたしたちは確信させられるのです。

それゆえ、カルヴァンという宗教改革者は、イエスの福音が説かれる所ではどこでも礼典が執行されねばならないと言っています。可能であれば、毎日曜日でも礼典が執行されることを彼は願っていました。逆に言えば、礼典を通してわたしたちは福音を味わわねばならない。礼典には福音の味がしなければならない、ということです。そうして初めて、身も心も丸ごと満たされる礼拝となるからです。

問67　それでは、御言葉と礼典というこれら二つのことは、
　わたしたちの救いの唯一の土台である
　十字架上のイエス・キリストの犠牲へと、
　わたしたちの信仰を向けるためにあるのですか。

答　そのとおりです。
　なぜなら、聖霊が福音において教え
　　聖礼典を通して確証しておられることは、
　わたしたちのために十字架上でなされた
　キリストの唯一の犠牲に、
　わたしたちの救い全体がかかっている、

ということだからです。

問68　新約において、キリストは
　いくつの礼典を制定なさいましたか。

答　二つです。
　聖なる洗礼と聖晩餐です。

ルーカス・クラナッハ（一四七二－一五五三年）という人が描いた「説教壇から説教するルター」という作品があります。説教壇に立つ宗教改革者ルターと会衆の真ん中には十字架のキリストが描かれていて、ルターはこのキリストを指さしながら説教をしているのです。プロテスタント教会の礼拝堂で十字架のキリスト像を見ることは、まずありません。この絵は、聖書の説教とはすなわち十字架のキリストを指し示すことなのだ、ということを表現したいわけです。

『信仰問答』は「御言葉と礼典というこれら二つのことは、わたしたちの救いの唯一の土台である十字架上のイエス・キリストの犠牲へと、わたしたちの信仰を向けるためにあるのですか」と、先に問65で学んだことを念を押すようにして確認しています。「御言葉」とは〝福音の説教〟と言い換えることもできます。

答えの文章も、興味深いことに問いを別の言い方でそのまま繰り返すような内容になっています。「なぜなら、聖霊が福音において教え聖礼典を通して確証しておられることは、わたしたちのために十字架上でなされたキリストの唯一の犠牲に、わたしたちの救い全体がかかっている、ということだからです」。この少々くどいほどの繰り返しは、当時の教会にとって根本的に重要な事柄を扱っているということを示すためです。

キリスト教信仰へのアプローチにはさまざまな方法があるでしょうが、主日（日曜日）の礼拝に出席することにまさって大切なことはありません。礼拝には、キリスト教会が何世紀にもわたって継承し築き上げてきた伝統のすべてが生きた形で現されているからです。

その礼拝の中心が、御言葉であり礼典なのです。たとい難しいことは未だ何もわからなくとも、当時の信徒たちは毎週の礼拝の中で説教と礼典には接していました。だからこそ、これら二つの目的を正しく理解することが、彼らのキリスト教信仰理解にとって決定的に重要だったわけです。

礼拝における説教は、いわゆる〝お説教〟とは違います。たんなる講話や訓話、まして牧師の体験談ではありません。それらはどんなに格調高い礼拝の中で語られたとしても「説教」ではないと、『信仰問答』は言います。真の説教とは、何よりもまず福音を伝えることであり、それはとりもなおさず（クラナッハが描いたように）十字架のキリストを指さすものだからです。

礼典もまた同じです。何をしているのかさっぱりわからない礼典は無意味ですし、あずかっても益がありません。礼典も説教と同じく十字架のキリストを指し示し、このお方の犠牲に「わたしたちの信仰を向け」るものでなければなりません。

さて、神の恵みの目に見える〝しるし〟は、聖書の中にいくつもあります。神がお定めになった旧約聖書のさまざまな儀式も、広い意味では礼典と言えるでしょう。しかし、それらはいずれも「やがて来るものの影にすぎず、実体はキリストに」ありました（コロサイ二17）。そのキリストがすでに来られた今、守るべき礼典も当然のことながら旧約時代とは異なります。それでは、「新約において」キリストの福音の約束を鮮やかに示す礼典とは、どれなのでしょうか。

キリスト教会でもさまざまな儀式が執り行われます。例えば、結婚式や葬式、信仰告白式や任職式などです。カトリックではそれらを含む七つの儀式を礼典（秘跡）としますが、プロテスタント教会では「聖なる洗礼と聖晩餐」の二つだけを礼典と呼んで他の儀式とは区別します。新約聖書でキリストが明らかに「制定」なさったのは、これら二つだけだと理解しているからです（マタイ二八19－20、Ⅰコリント一一23－26）。

大切なことは、福音の説教にせよ二つの礼典にせよ、十字架のキリストへとわたしたちの信仰をしっかりと向けさせることです。当然のことかもしれませんが、福音の説教を通して明らかにされる主イエスの十字架の恵みは、必ずと言ってよいほど洗礼や聖餐が表す真理と結びつきます。このような説教と礼典による生きた礼拝にあずかることによって、わたしたちは礼拝にあふれる主の恵みを感じ、十字架の主を信仰の目をもって仰ぐ者となることでしょう。

聖なる洗礼について

問69　あなたは聖なる洗礼において、
十字架上でのキリストの唯一の犠牲が
あなたの益になることを、
どのように思い起こしまた確信させられるのですか。

答　次のようにです。
キリストがこの外的な水の洗いを制定された時
約束なさったことは、
わたしがわたしの魂の汚れ、
すなわち、わたしのすべての罪を、
この方の血と霊とによって確実に洗っていただける、
ということ。
そして、それは、日頃体の汚れを落としているその水で、
わたしが外的に洗われるのと同じくらい確実である、
ということです。

問71　わたしたちが洗礼の水によるのと同じく、

この方の血と霊とによって
確実に洗っていただけるということを、
キリストはどこで約束なさいましたか。

答　洗礼の制定の箇所に、次のように記されています。
「あなたがたは行って、
すべての民をわたしの弟子にしなさい。
彼らに父と子と聖霊の名によって洗礼を授けなさい」、
(「信じて洗礼を受ける者は救われるが、
信じない者は滅びの宣告を受ける」。)
この約束は、聖書が洗礼を「新たに造りかえる洗い」とか
「罪の洗い清め」と呼んでいる箇所でも
繰り返されています。

一六世紀にヨーロッパで起こった宗教改革は、聖書の福音によって、人々の心が再び生き生きとした信仰へと回復されていった出来事でした。その変革は、中でも教会の礼拝に顕著に見られました。形だけの礼拝から〝意味のわかる〟礼拝へと改革されたからです。

この時代に作られた教理問答書の礼典についての解説が長いのは、そのためです。『ハイデルベ

ルク信仰問答』も問69から82まで、実に十四の問答（洗礼に六問、聖晩餐に八問）を費やして教えています。少し詳しすぎるかもしれませんが、とかく形式主義に陥りやすい礼拝が生き生きとしたものとなるために忍耐強く学んでまいりましょう。

さて、キリスト教会で伝統的に用いられ、今日も多くの日本語訳聖書で「洗礼」と訳されているもとの言葉は〝バプテスマ〟というギリシア語です。この言葉の動詞の本来の意味は〝浸す〟とか〝沈める〟ということで、〝洗う〟という意味はありません。それで、教会によっては「洗礼」という言い方を避けて「バプテスマ」という言葉をそのまま用いる場合もあります。しかし、新約聖書では、このバプテスマのことを「**新たに造りかえる洗い**」（テトス三5）と言い換えたり、バプテスマを受けて罪を「**洗い清め**」なさいと言われている箇所があります（使徒二二16）。ですから、キリスト教会における洗い清めの儀式を、日本語で「洗礼」と呼んでも間違いではありません。

同様に、この洗礼式の形式も教会の伝統に応じてさまざまなやり方があります。バプテスマという言葉の意味通りに、全身を水に〝浸す〟か〝沈める〟浸礼というやり方と、水を頭に滴らす滴礼の大きく二つに分けられますが、場所や様式や水の量など、多様性があります。聖書には、洗礼の方法について何も定められていないからです。他方、洗礼は通常一回限りであることや自分自身で行うのでなく授けてもらうことなどは、共通しています。

洗礼の起源は、実はよくわかりません。旧約聖書の中にも洗い清めるという儀式は種々ありますが、キリスト教の洗礼の直接のモデルになったのは、イエスに先立って現れた洗礼者ヨハネの洗礼でしょう。ヨハネは「罪の赦しを得させるために悔い改めの洗礼」（マルコ一4）を宣べ伝えていました。また、「わたしは水であなたたちに洗礼を授けたが、その方は聖霊で洗礼をお授けになる」（同一8）と言って、イエスを通して与えられる洗礼を預言しました。

イエス御自身もまた、復活後、弟子たちを派遣するにあたって、「あなたがたは行って、すべての民……に父と子と聖霊の名によって洗礼を授け」なさいとお命じになりました（マタイ二八19）。そして、実際、イエスの昇天後に弟子たちは「悔い改めなさい。めいめい、イエス・キリストの名によって洗礼を受け、罪を赦していただきなさい」（使徒二38）と言って洗礼を授けました。こうして、今日に至るまで、キリスト教会ではこの礼典を守り続けているのです。

さて、『信仰問答』は「あなたは聖なる洗礼において、十字架上でのキリストの唯一の犠牲があなたの益になることを、どのように思い起こしまた確信させられるのですか」と問いかけます。「思い起こし」という言葉は〝心に刻む〟とも訳せる強い言葉です。キリストの十字架の犠牲の恵みが本当にわたしにも及んでいる、「わたしの魂の汚れ……わたしのすべての罪」は本当に洗い流されたのだと、洗礼を通して深く心に確信させられます。なぜなら、肌で感じる水を疑えないのと同様、キリストの救いもまた確実だからです。「日頃体の汚れを落としているその水」を用いるように、日常のただ中で「確実に」キリストの救いはわたしの身の上に起こるのです。

宗教改革者マルティン・ルターは、信仰の試練にあった時や、自分の罪深さや小ささを思い知らされた時、「わたしは洗礼を受けた、わたしは洗礼を受けた」と繰り返し自分に言い聞かせたそうです。絶えず揺れ動く不確かな自分に心をとめるのではなく、洗礼という出来事に現されたキリストの救いを心に刻もうとしたのでしょう。洗礼が保証するのはわたしたちの確かさではなく、キリストの確かさだからです。

問70　キリストの血と霊とによって洗われるとは、
　どういうことですか。

答　それは、十字架上での犠牲において
　　わたしたちのために流されたキリストの血のゆえに、
　恵みによって、神からの罪の赦しを得る、ということです。
　さらに、聖霊によって新しくされ、
　　キリストの一部分として聖別される、
　　ということでもあります。
　それは、わたしたちが次第次第に罪に死に、
　　いっそう敬虔で潔白な生涯を歩むためなのです。

礼典とは、福音の約束の「目に見える聖なるしるしまた封印」であると学びました（問66）。そ

の福音の約束とは「十字架上でのキリストの唯一の犠牲」に基づくことですが、洗礼の水が特に表しているのは「**キリストの血と霊とによって洗われる**」ということでした。問70では、この約束の意味をもう少し詳しく説明しています。

キリストの「血と霊」というこれら二つが表している事柄は、罪の赦しと再生です。別に言えば、死と生ということです。「わたしたちは洗礼によってキリストと共に葬られ、その死にあずかるものとなりました。それは……、わたしたちも新しい命に生きるためなのです」とパウロが語っているとおりです（ローマ六4）。

まず、洗礼が表していることは、わたしたちの死です。かつてノアの洪水（創世六章）が罪に満ちた全地を沈めて葬り去ったように、わたしたちの古い自分もまた葬り去る必要があります。このことは特に、全身を水に沈める浸礼という洗礼の仕方においてよりよく表される真理です。

しかし、そこで表される死は、決してわたしたちを滅ぼす死ではありません。わたしたちを生まれ変わらせるための死です。正確に言えば「古い自分」がキリストと共に葬られるということです。罪にまみれたわたしの身代わりとしてキリストが死んでくださった。それがキリストの十字架の意味でした。「わたしは、キリストと共に十字架につけられています。生きているのは、もはやわたしではありません。キリストがわたしの内に生きておられるのです」（ガラテヤ二19－20）。キリストがわたしの身代わりとして死なれた以上、わたしもすでに死んだのだ、ということです。

それは、言い換えれば、わたしの罪が完全に赦されたということを意味します。罪にまみれたわたしはすでに葬り去られたからです。十字架上で流されたキリストの血潮によって、わたしの罪も洗い流されました。「十字架上での犠牲においてわたしたちのために流されたキリストの血のゆえに、恵みによって、神からの罪の赦しを得る」とは、そのことです。持って生まれた罪だけでなく、現在の罪も将来の罪もいっさいを流し去る完全な赦しです。それは、神の愛による恵みの洪水と言えましょう。

国民のほぼすべてがキリスト者であった中世ヨーロッパの時代、洗礼と言えば乳幼児に授けるものでした。しかし、その頃の教会は、洗礼によって赦されるのは持って生まれた（すなわち洗礼を受ける前の）罪だけで、洗礼を受けた後の罪についてはまた別の赦しが必要であると教えていました。しかし、洗礼が指し示す主イエス・キリストの血潮による罪の赦しは、そのように機械的なものでも限定的なものでもない。子どもであれ大人であれ、生まれつきの罪であれ将来の罪であれ、すべてを赦して余りある赦しであるというのが、聖書の教えであり宗教改革者たちの確信です。

さて、第二に洗礼が表していることは、キリストにある新しい命です。古いわたしの葬りを表した水は、同時に、新しいわたしを生み出す命の象徴でもあります。「だれでも水と霊とによって生まれなければ、神の国に入ることができない」（ヨハネ三5）と言われた主イエスは、「わたしを信じる者は……、その人の内から生きた水が川となって流れ出るようになる」とも仰せになりました（七38）。この「生きた水」とは、イエスを信じる人々が受ける「霊」にほかなりません（七39）。

そのように「聖霊によって新しくされ」キリストの命にあずかった人々は、いわば接ぎ木されて

「キリストの一部分として聖別され」た人々です。そのままでは枯れ果てていたはずのわたしたちが、キリストにつながることで生き返り、キリストのものとされるのです（問1参照）。

「それは、わたしたちが次第次第に罪に死に、いっそう敬虔で潔白な生涯を歩むため」であると

『信仰問答』は教えます。ちょうど太い幹から細い枝々にゆっくりと養分が行きわたって実が結ばれるように、キリストに結ばれた人生もまた聖霊の力によってゆっくりと変えられていきます（ヨハネ一五5）。洗礼が信仰生活の〝スタート〟であると言われるのは、そのためです。

問72　それでは、外的な水の洗いは、罪の洗い清めそのものなのですか。

答　いいえ。ただイエス・キリストの血と聖霊のみが、わたしたちをすべての罪から清めてくださるのです。

問73　それではなぜ、聖霊は洗礼を「新たに造りかえる洗い」とか「罪の洗い清め」と呼んでおられるのですか。

答　神は何の理由もなくそう語っておられるのではありません。すなわち、ちょうど体の汚れが

水によって除き去られるように、
わたしたちの罪が
キリストの血と霊とによって除き去られるということを、
この方はわたしたちに教えようとしておられるのです。
それればかりか、わたしたちが現実の水で洗われるように、
わたしたちの罪が霊的に洗われることもまた
現実であるということを、
神はこの神聖な保証としるしとを通して、
わたしたちに確信させようとしておられるのです。

儀式やシンボルというのは不思議なものです。それ自体はたとい何の変哲もないものであったとしても、きらびやかな器に入れられて恭《うやうや》しく扱われると何か特別なものであるかのような錯覚を抱いてしまいます。そこにさまざまなありがたい逸話が結びつくと、もう立派な崇拝の対象にさえなってしまうものです。

仰々しい儀式と数々の聖像や聖遺物に満ちた礼拝堂での礼拝に慣れ切っていた人々にとって、プロテスタントの礼拝がいかに殺風景なものであったことか、わたしたちには想像できないほどです。そこに洗礼式と聖餐式という二つの儀式が辛うじて残ったわけですが、これらも放っておけばやが

て同じように誤った理解が忍び込み、せっかくの礼典の恵みが台無しになりかねませんでした。

プロテスタントは儀式よりも聖書を重んじましたが、その聖書が洗礼を「罪の洗い清め」と呼んでいるのは、洗礼の水が「罪の洗い清めそのもの」だからでしょうか。これが今回の問いです。水という物を神聖視してしまうというよりも、聖書の教えを文字通り理解してよいのかが問題でした。

「いいえ。ただイエス・キリストの血と聖霊のみが、わたしたちをすべての罪から清めてくださるのです」。水そのものに力があるわけでも、儀式が力を発揮するわけでもない。「洗礼は、肉の汚れを取り除くことではなくて、神に正しい良心を願い求めること」（Ⅰペトロ三21）であり、そのようにわたしたちをすべての罪から清めるのはただ御子イエスの血（Ⅰヨハネ一7）と聖霊（マタイ三11）のみです。

それではなぜ、聖霊は聖書において洗礼を「新たに造りかえる洗い」（テトス三5）とか「罪の洗い清め」（使徒二二16）と呼んでいるのでしょうか。ただの水を、主イエスの血になぞらえているのはなぜでしょうか。もちろん「神は何の理由もなくそう語っておられるのではありません。……ちょうど体の汚れが水によって除き去られるように、わたしたちの罪がキリストの血と霊とによって除き去られるということを、この方はわたしたちに教えようとしておられるのです」。

御言葉だけでもよかったはずです。信仰は霊的なことに関わるのですから、儀式など不要かもしれません。しかし、わたしたちのために神は、洗礼という儀式をくださいました。キリストの血と霊とによってわたしたちの罪が除き去られるという事実を、いわば実物教育でお示しになるためです。

キリストによる罪の赦しは、霊的な事実です。しかし、目に見えない事柄をわたしたちは十分理解することはできません。それを目に見える形で教えてくれるのが礼典です。そればかりか、「わたしたちが現実の水で洗われるように、わたしたちの罪が霊的に洗われることもまた現実であるということを、神はこの神聖な保証としるしとを通して、わたしたちに確信させようとしておられるのです」。

人間の心は変わります。信仰生活が順調な時には、本当に生まれ変わってクリスチャンになってよかったと思います。ところが状況が一変すると、〝自分は赦されていないのではないか、救われていないのではないか、もうダメだ〟と思ってしまう。それが人間です。けれども、神の救いは、天気のようにころころ変わるものではない。確実にわたしたちの罪を赦し、確実にわたしたちを救うものです。たといわたしたちの心が変わっても神の救いは変わらない。その変わらないという確実さをわたしたちに示すために、わたしたちの救いの事実を〝くさび〟を打ち込むようにお示しくださる。それが洗礼です。

何年何月何日、洗礼を受けたという事実は、教会に記録されます。たといわたしたちが忘れても記録は残り続けます。神がこのわたしを救いに招き入れてくださったということ、それは動かし難い事実として残り続けるのです。目に見えない罪の赦しという出来事が現実であるということをわたしたちに示すために、言葉だけではない本物の現実の水、冷たいと感じる水を使わねばなりません。
大切なのは、水のリアリティです。それはわたしたちの救いのリアリティを表すからです。その意味で、洗礼はまさに「新たに造りかえる洗い」と言えましょう。

問74　幼児にも洗礼を授けるべきですか。

答　そうです。
なぜなら、彼らも大人と同様に
神の契約とその民に属しており、
キリストの血による罪の贖いと
信仰を生み出される聖霊とが、
大人に劣らず彼らにも確約されているからです。
それゆえ、彼らもまた、契約のしるしとしての洗礼を通して
キリスト教会に接ぎ木され、
未信者の子どもたちとは区別されるべきです。
そのことは、旧約においては割礼を通してなされましたが、
新約では洗礼がそれに代わって制定されているのです。

洗礼についてのもう一つの問題は、幼児洗礼の問題です。キリスト教会は、古来、伝統的に「幼児にも洗礼を授け」てきましたが、宗教改革の時代から洗礼を大人だけに限るという立場の教会が現れたからです。

罪人はただ信仰のみによって救われるというプロテスタントの主張は、一人一人の自覚的な信仰を促しました。聖書の教えをきちんと理解してイエス・キリストを信じ、キリスト者として生きる決意をした者のみに洗礼を授けるべきであって、何もわからない子どもたちに授けるべきではないという立場が出てきたわけです。

この主張は、生まれれば自動的に洗礼が授けられ、聖書を知っていようがいまいが自覚があろうがなかろうがキリスト者になるという、当時のキリスト教社会に対する厳しい批判に基づいていました。ところが、すでに千年以上も守られ続けて一つの社会秩序となっていた幼児洗礼の否定は、社会的混乱を引き起こすのみならず聖書の教えにも反する〝急進的〟立場として、カトリック・プロテスタント双方から退けられてしまいました。

今から思えば、当時の形骸化した教会に対する彼らの批判は十分考慮に値する主張でしたし、立場が違うというだけで迫害したことは（時代の制約があるにせよ）許されることではありませんでした。しかし、歴史的評価とは別に、はたして幼児洗礼が聖書にかなったことであるかどうかは今日も検証される必要があるでしょう。

まず確かめておきたいことは、聖書には、子どもに洗礼を授けなさいという命令も、逆に授けてはならないという禁止も出てこないということです。では、なぜキリスト教会は幼児にも洗礼を授けてきたのでしょうか。このことを理解するためには、もう一度「洗礼」とは何かをきちんと理解しておく必要があります。

洗礼とは、主イエス・キリストにおける神の一方的な恵みによる罪の赦しの約束の「しるし」であり、それによってわたしたちはキリストの体なる教会の一部に加えられるのでした。それは、必ずしもわたしたち個々人の信仰の確信を保障するものではありません。そうではなく、御自分の民を集め、守り、保ってくださる（問54）キリストの御業の確かさのしるしです。

このことは、神の選びの民である旧約のイスラエルのことを考えるとわかりやすいでしょう。あのイスラエルの民は大人だけの集団ではなく、子どもたちも一緒でした。神の約束（契約）に基づく神の家族だったからです。家族であれば、子どもが一緒にいるのは当然です。お前はまだ何もわからないから家族ではないとは言いません。そして、このような神の家族としての信仰共同体という理解は、旧約のイスラエルも新約の教会も全く同じなのです。神の約束は大人のみならず「あなたがたの子供にも」（使徒二39）与えられていると言われている通りです。わたしたちの神は、わたしたちの子孫の神でもあるからです（創世一七7）。

それゆえ、キリストの福音もまたわたしたちの家族全体を救う言葉（使徒一一14、一六31）であり、信じた者たちは一家をあげて主を信じ、家族で洗礼を受けました（使徒一六15、33、一八8）。

その中に子どもたちがいたであろうことは容易に想像できるでしょう。実に、子どもたちも「大人と同様に神の契約とその民に属しており、キリストの血による罪の贖いと信仰を生み出される聖霊とが、大人に劣らず彼らにも確約されているからです」。むしろ、そのような信仰共同体の中で、神の恵みによって子どもたちが豊かに育まれていくことを信仰者の親は願うものです。大人であれ幼児であれ、キリストによる罪の赦しなしで生きることなど人間にはできないからです。子どもたちは、洗礼を通して「キリスト教会に接ぎ木され」信仰共同体の一員となります。このような神の契約のしるしは「旧約においては割礼を通してなされましたが、新約では洗礼がそれに代わって制定されているのです」。

もちろん、その子の信仰の旅路はそこから始まります。洗礼を受けた子どもたちがやがて自分の心で信じ自分の口で主を告白する日を、共同体は祈りつつ待ち望みます。たとい教会から一時的に離れることがあっても、神の恵みの内にあり続けると信じるのです。本人は忘れても神はお忘れにはならない。それが、神の「契約のしるし」を受けることの意味だからです。

イエス・キリストの聖晩餐について

問75　あなたは聖晩餐において、

十字架上でのキリストの唯一の犠牲と
そのすべての益にあずかっていることを、
どのように思い起こしまた確信させられるのですか。

答

次のようにです。
キリストは御自身を記念するため、
この裂かれたパンから食べ
この杯から飲むようにと、
わたしとすべての信徒にお命じになりましたが、
その時こう約束なさいました。
第一に、この方の体が確かにわたしのために
十字架上でささげられ、また引き裂かれ、
その血がわたしのために流された、ということ。
それは、主のパンがわたしのために裂かれ、
杯がわたしのために分け与えられるのを、
わたしが目の当たりにしているのと同様に確実である、
ということ。
第二に、この方御自身が、

その十字架につけられた体と流されたを血とをもって、
確かに永遠の命へとわたしの魂を養い
また潤してくださる、ということ。
それは、キリストの体と血との
確かなしるしとしてわたしに与えられた、
主のパンと杯とを
わたしが奉仕者の手から受け
また実際に味わうのと同様に確実である、
ということです。

主イエス・キリストが教会にお与えくださったもう一つの礼典である聖餐式について、しばらく学んでまいりましょう。

プロテスタント教会では、聖餐式・聖晩餐・主の晩餐・主の食卓などさまざまな呼称が用いられていますが、すべて同じ儀式を指しています（本解説では一般に広く用いられている「聖餐式」または「聖餐」という言い方を用います）。また（洗礼と同様）儀式の形式も必ずしも統一されていません。教会ごとにさまざまな形式があります。これは、プロテスタント教会が、儀式の形式そのものよりもその意味を重んじてきたためです。

ちょうどキリスト教会の礼典が洗礼と聖餐でワンセットになっているように、『信仰問答』は洗礼についての問答と同じような流れと表現で聖餐についての問答を進めています。少々長い答えが続きますが、なるべく簡潔に要点だけを解説していくことにします。

最初の問いは「聖晩餐において、十字架上でのキリストの唯一の犠牲……を、どのように思い起こしまた確信させられる」のかということです。この問い自身にすでに聖餐式の意味が教えられています。つまり、聖餐式の食事は食べること自体に意味があるのではなく、「思い起こしまた確信」するための食事だということです。それは、キリスト御自身が「御自身を記念するため……わたしとすべての信徒にお命じに」なった食事です。

職業柄、通夜(前夜)式の後や火葬場での食事、あるいは記念会などの食事にあずかることがあります。このような食事は、ただお腹を満たすだけの食事とは違います。共に食しながら故人を偲んで語り合うからです。聖餐式はそれに似ています。興味深いことは、そのような食事を守るようにと、主イエス御自身がすでに生前からお命じになっていた点です。しかもそうすることが「すべての信徒」たちのためになるからという理由です。

それは第一に、「この方の体が確かにわたしのために十字架上でささげられ……、その血がわたしのために流された、ということ。それは、主のパンがわたしのために裂かれ、杯がわたしのために分け与えられるのを、わたしが目の当たりにしているのと同様に確実である、ということ」を悟るためです。聖餐のパンと杯が自分のもとに配られるか自分で取りに行くかの違いはあっても、聖餐式で大切な第一のことは、それが「わたしのため」だということです。十字架上で成し遂げられた主イエス・キリストの救いは何か遠い昔の物語でもはるか天上にあるのでもなくて、「わたしのために」あるということです。まるで親の形見が子どもたち一人一人に用意されていたように、イエスは御自分の救いを一人一人に用意してくださいました。

主イエスが備えてくださった聖餐にあずかりながら思い起こす第二のことは、「この方御自身が、その十字架につけられた体と流された血とをもって、確かに永遠の命へとわたしの魂を養いまた潤してくださる、ということ。それは、キリストの体と血との確かなしるしとしてわたしに与えられた、主のパンと杯とをわたしが奉仕者の手から受けまた実際に味わうのと同様に確実である、ということ」です。宗教改革の昔、聖餐の礼典は信徒があずかり知ることのできない神秘的な食事でした。信徒は謎めいたラテン語の言葉と共に渡されるパンだけを恭しくいただき、杯はいただくことさえできませんでした。誤ってそれをこぼす恐れがあったからです。

しかし、改革者たちはそれに強く反対しました。主イエスは決してパンだけでよいとはおっしゃらなかった。パンも杯も、御自分の体も血もすべてをわたしたちに与えようと言われたからです。聖餐の品々は飾るためでも拝む対象でもなく、実際に食べ飲むためにあります。それは、御自分の命によって信徒たちすべてを養おうとなさる主イエスの愛の食卓だからです。

聖餐式を通してわたしたちは、わたしのために十字架におかかりくださった主イエスの愛を思い起こすのみならず、その同じ主が今も生きておられ、わたしたち一人一人を永遠の命へと養い続けておられるという驚くべき奇跡を噛みしめるのです。

問76　十字架につけられたキリストの体を食べ、
その流された血を飲むとはどういうことですか。

答　それは、キリストのすべての苦難と死とを、
信仰の心をもって受け入れ、
それによって罪の赦しと永遠の命とをいただく、
ということ。
それ以上にまた、
キリストのうちにも
わたしたちのうちにも住んでおられる
聖霊によって、
その祝福された御体といよいよ一つにされてゆく、
ということです。
それは、この方が天におられ
わたしたちは地にいるにもかかわらず、

わたしたちがこの方の肉の肉、骨の骨となり、
ちょうどわたしたちの体の諸部分が
一つの魂によってそうされているように、
わたしたちが一つの御霊によって永遠に生かされ
また支配されるためなのです。

問77 信徒がこの裂かれたパンを食べ、
この杯から飲むのと同様に確実に、
御自分の体と血とをもって彼らを養いまた潤してくださると、
キリストはどこで約束なさいましたか。

答 聖晩餐の制定の箇所に、次のように記されています。
わたしたちの「主イエスは、引き渡される夜、
パンを取り、感謝の祈りをささげてそれを裂き、
『(取って食べなさい。)
これは、あなたがたのため（に裂かれた）わたしの体である。
わたしの記念としてこのように行いなさい』
と言われました。
また、食事の後で、杯も同じようにして、

『この杯は、
わたしの血によって立てられる新しい契約である。
飲む度に、わたしの記念としてこのように行いなさい』
と言われました。
だから、あなたがたは、
このパンを食べこの杯を飲むごとに、
主が来られるときまで、主の死を告げ知らせるのです」。
この約束はまた聖パウロによって繰り返されており、
そこで彼はこう述べています。
「わたしたちが神を賛美する賛美の杯は、
キリストの血にあずかることではないか。
わたしたちが裂くパンは、
キリストの体にあずかることではないか。
パンは一つだから、わたしたちは大勢でも一つの体です。
皆が一つのパンを分けて食べるからです」。

聖餐式は、この礼典をお定めになった主イエスの制定の御言葉を読んで始まります。その言葉は、福音書に記されている有名な〝最後の晩餐〟の席上でのイエスの言葉ですが、使徒パウロはそれをコリントの信徒への手紙一の中でも繰り返しています（一一23－26）。つまり、晩餐において主イエスがなさった約束は、ただ一度限りの言葉ではなく、聖餐式の度に心に刻むべき言葉であるということです。

〝最後の晩餐〟と呼ばれるイエスと弟子たちとの食事自体はユダヤの過越祭の食事であり、弟子たちにしても、まさかお別れの食事になるとは思ってもみませんでした。ですから、イエスがパンを「わたしの肉」、杯を「わたしの血」とお呼びになった真意をほとんど理解できなかったことでしょう。やがてイエスが十字架におかかりになり、復活や昇天という出来事を経て、弟子たちに聖霊が与えられて初めて、あの時の食事の意味を悟るに至ったのです。

「十字架につけられたキリストの体を食べ、その流された血を飲む」という少々グロテスクな表現が表そうとしている意味は三つです。第一に、「キリストのすべての苦難と死とを、信仰の心をもって受け入れ、それによって罪の赦しと永遠の命とをいただく、ということ」。ちょうど小羊の犠牲による過越祭の食事が神の民イスラエルにとって苦難からの解放と救いを意味していたように、聖餐式はキリスト者にとって神の小羊イエス・キリストの犠牲による完全な「罪の赦しと永遠の命」にあずかることを意味します。そのイエスの救いを受け取る手が「信仰の心」です。聖餐式には信者のみがあずかりますが、それは他の方に対して意地悪をしているわけではありませんし、たとい未信者の方が口にしたところで毒にも薬にもなりません。小さなパンと杯を飲み食いしたところで何になりましょう。しかし、十字架の主イエスを愛する心を持つ人にとっては、あの小さな食事こそが感謝にあふれた救いの食卓なのです。ですから、聖餐式にはどうしてもこの「信仰の心」が求められます。

第二に、聖餐式は「キリストのうちにもわたしたちのうちにも住んでおられる聖霊によって、その祝福された御体といよいよ一つにされてゆく」ことを意味します。主イエスの体と血を受けることによって、霊的な意味でキリストと一つになってゆくということです。主イエスは今「祝福された御体（＝復活の体）」においては天におられますが、霊においては片時もわたしたちから離れておられません（問47参照）。聖餐式はそのことを確かめる場です。目の前のパンと杯をいただくことを通して、わたしたちが霊的には主イエスといつも一つだということを確信するのです。

第三に、それは「この方が天におられわたしたちは地にいるにもかかわらず、わたしたちがこの方の肉の肉、骨の骨となり……、わたしたちが一つの御霊によって永遠に生かされまた支配されるため」です。その昔、神が男のために女を造られた時、男は「これこそわたしの骨の骨／わたしの肉の肉」と叫びました（創世二23）。これ以上の連れ合いはいない、という歓喜の叫びです。パウロはキリストと教会との関係を花婿と花嫁になぞらえましたが、両者の関係はまさにそのような〝骨肉〟の関係、否、それ以上です。キリストを信じる者の内に働くこの方の霊がわたしたちの体をいわば御自分の体としておられるほどに、キリストとわたしたちは一心同体だからです。それゆえ、聖餐式はたんにわたしたち一人一人と主イエスとの一体性を表すだけでなく、キリストの霊に生かされる教会の一体性をも表しています（Ⅰコリント一〇16－17）。
　天におられた方が肉体をとって地にお降りになり、この方の体にあずかるわたしたちが天のものとされる。聖餐式は、まさに天と地とをつなぐ食事とも言えましょう。聖餐式を通してわたしたちは、今も生きておられる主イエスの命に育まれつつ〝新しい人〟へと造り変えられていきます。ですから、キリスト者にとってこの食卓は決して〝最後の晩餐〟なのではなく、やがてキリストと完全に一つとなる神の国の完成の日を待ち望みながら繰り返し味わう、天国の祝宴の前味なのです。

問78　それでは、パンとブドウ酒が
　　　キリストの体と血そのものになるのですか。

答　いいえ。
　　洗礼の水は、キリストの血に変わるのでも
　　　罪の洗い清めそのものになるのでもなく、
　　ただその神聖なしるしまた保証にすぎません。
　　そのように、晩餐の聖なるパンもまた
　　　キリストの体そのものになるわけではなく、
　　ただ礼典の性格と方法に従って

キリストの体と呼ばれているのです。

問79　それではなぜ、キリストは、パンを御自分の体、
杯を御自分の血またその血による新しい契約とお呼びになり、
聖パウロは、イエス・キリストの体と血にあずかる、
と言うのですか。

答　キリストは何の理由もなく
そう語っておられるのではありません。
すなわち、ちょうどパンとブドウ酒が
わたしたちのこの世の命を支えるように、
十字架につけられたその体と流された血とが、
永遠の命のために、わたしたちの魂のまことの食べ物
また飲み物になるということを、
この方はわたしたちに教えようとしておられるのです。
それればかりか、わたしたちが、
これらの聖なるしるしをこの方の記念として
肉の口をもって受けるのと同様に現実に、
聖霊のお働きによって、

そのまことの体と血とにあずかっているということ。
そして、あたかもわたしたちが自分自身で
すべてを苦しみまた十分成し遂げたかのように、
この方のあらゆる苦難と従順とが
確かにわたしたち自身のものとされているということを、
この方は目に見えるしるしと保証を通して、
わたしたちに確信させようとしておられるのです。

聖餐式は「わたしの記念としてこのように行いなさい」（Iコリント一一24）と、主イエスがお命じになった儀式です。しかし、それをどのように理解するかは、必ずしも一様ではありませんでした。この問78では、さまざまに生じた誤解の一つを扱っています。「それでは、パンとブドウ酒がキリストの体と血そのものになるのですか」。イエスがおっしゃった言葉を文字通り取るという誤りです。

キリスト教が急速に広まった古代ローマ帝国では、キリスト教をよく思わない人々が「彼らは隠れて人肉を食べている」と噂したと言われます。キリストの肉と血を飲み食いすると言っていたからです。また、同じキリスト教でもローマ・カトリック教会には、ミサの中でパンとブドウ酒がキリストの体と血に〝変化〟するという教えがあります。これは実体変化という非常に高度な神学上の教義で、パンとブドウ酒の目に見える変化ではなく〝実体〟が変化するという教えです。これに対してプロテスタント教会では、そのような理解し難いことを言う必要はなく、聖書が言っていることを単純に理解すればよいと主張しました。

「洗礼の水は、キリストの血に変わるのでも罪の洗い清めそのものになるのでもなく、ただその神聖なしるしまた保証にすぎません。そのように、晩餐の聖なるパンもまたキリストの体そのものになるわけではなく、ただ礼典の性格と方法に従ってキリストの体と呼ばれているのです」。聖餐式で使うのはごく普通のパンであり普通のブドウ酒（またはブドウジュース）です。しかし、たとい同じ食物でも、道端で飲み食いするのと特別な器で特別な食事の席で食べるのとでは意味が異なるように、主イエスの命にあずかるという「礼典の性格と方法に従って」それらはキリストの体また血と呼ばれています。

しかし、そんな何の変哲もないものを、なぜわざわざ御自分の体や血とおっしゃる必要があったのでしょう。それが次の問いです。それにはちゃんと理由があると『信仰問答』は答えます。第一に、「ちょうどパンとブドウ酒がわたしたちのこの世の命を支えるように、十字架につけられたその体と流された血とが、永遠の命のために、わたしたちの魂のまことの食べ物また飲み物になるということを、この方はわたしたちに教えようとしておられる」からです。パンとブドウ酒は、当時の人々の日々の命を支える基本要素でした。つまり、聖餐式は、わたしたちの魂をキリストという糧によって永遠の命へと養う食事だということです。

第二に、聖餐式を通して、わたしたちが確信させられるのは、「わたしたちが、これらの聖なるしるしをこの方の記念として肉の口をもって受けるのと同様に現実に、聖霊のお働きによって、そのまことの体と血とにあずかっているということ」です。子どもたちが草や石でままごとをする時には食べるまねをするだけで、本当には食べません。ところが、聖餐式では礼拝の中で本当に飲食します（傍らから見れば不思議な光景でしょう）。それはキリストの養いが「現実」であることを教えるためです。キリストと結び合わされた者がその命にあずかっているということは、霊的な仕方ではありますが、嘘ではなく現実なのです。

最後に、聖餐式が確証することは、キリストの命にわたしたちが養われることによって、「あたかもわたしたちが自分自身ですべてを苦しみまた十分成し遂げたかのように、この方のあらゆる苦難と従順とが確かにわたしたち自身のものとされているということ」です。キリストの御生涯のすべてがわたしのものになるなどとんでもないと、わたしたちは思うかもしれません。しかし、そもそもキリストはわたしたちのために生きそして死なれたのでした。聖餐式でわたしたち一人一人に差し出されるパンと杯は、キリストの御生涯のすべてにほかなりません。そして、それを畏れと喜びをもって受け取るようにと、わたしたちは招かれています。

こうしてキリストがわたしのものとなり、わたしがキリストのものとなる。それは、わたしもまたキリストにならって生きるためであり、生きるにも死ぬにも主イエスがわたしの「唯一の慰め」となるためです（問1参照）。

問80　主の晩餐と教皇のミサとの違いは何ですか。

答　主の晩餐がわたしたちに証しすることは、
　イエス・キリスト御自身が
ただ一度十字架上で成就してくださった
その唯一の犠牲によって、
わたしたちが自分のすべての罪の
完全な赦しをいただいているということ。
〔また、わたしたちが聖霊によって
キリストに接ぎ木されている、ということです。
この方は、今そのまことの体と共に
天の御父の右におられ、
そこで礼拝されることを望んでおられます。〕
しかし、ミサが教えることは、
　今も日ごとに司祭たちによって
　キリストが彼らのために献げられなければ、

生きている者も死んだ者も
キリストの苦難による罪の赦しをいただいていない、
ということ。
〔また、キリストはパンとブドウ酒の形のもとに
肉体的に臨在されるので、
そこにおいて礼拝されなければならない、
ということです。〕

このようにミサは、根本的には、
イエス・キリストの唯一の犠牲と苦難を否定しており、
〔呪われるべき〕偶像礼拝に〔ほかなりません。〕

プロテスタント教会で、通常「主の晩餐」または聖餐式と呼ばれている儀式は、ローマ・カトリック教会では〝聖体の秘跡〟と呼ばれ、これを含む礼拝全体をミサまたは聖体祭儀と呼んでいます。問題は、このような用語上の違いよりも、それが表す事柄についての理解の違いです。一六世紀のプロテスタント教会の信仰告白である『ハイデルベルク信仰問答』は、当時の「教皇のミサ」を本問で非常に激しい言葉をもって批判しています。

この問80は、もともとの『信仰問答』初版にはなかったもので、同じ年に何度か修正されるうち

に付加された曰く付きの問答です。実は、当時、プロテスタントに対抗して開催されていたローマ・カトリック教会によるトリエント公会議が、『信仰問答』出版前年の一五六二年にミサ祭儀についての宣言を公にしました。その宣言に対抗して急遽挿入されたのが本問なのです。

以上のような特殊な時代状況に基づいており、かつ指摘されている問題が必ずしも的を射ていないという批判もあって、本問を削除してはどうかという声も聞かれます。しかし、歴史的な文書を勝手に変えるべきではありませんし、むしろ『信仰問答』が何を問題とし何を教えようとしているのかを積極的に学ぶことが大切でしょう。

『信仰問答』が聖書の教えとして述べていることは、明白です。第一に、「イエス・キリスト御自身がただ一度十字架上で成就してくださった」犠牲は「唯一の犠牲」であるということ。第二に、このキリストの犠牲によって、わたしたちは「自分のすべての罪の完全な赦しをいただいて」おり、「聖霊によってキリストに接ぎ木されている」ということ。第三に、「この方は、今そのまことの体と共に天の御父の右におられ、そこで礼拝されることを望んでおられ」るということです。

これらの諸点は、続く「教皇のミサ」に対する批判と対応しています。問80の答えによれば、ミサの問題点は、第一に、「今も日ごとに司祭たちによってキリストが彼らのために献げられ」るということ。第二に、そうでなければ「生きている者も死んだ者もキリストの苦難による罪の赦しをいただいていない」ということ。そして第三に、「キリストはパンとブドウ酒の形のもとに肉体的に臨在されるので、そこにおいて礼拝されなければならない」ということです。

つまり、パンと杯に成り変わったキリストの犠牲を繰り返し献げなければわたしたちの罪の赦しは得られないということであり、それはすなわち、「イエス・キリストの唯一の犠牲と苦難」を否定した「偶像礼拝」だというのです。

公平さを保つために申し上げるならば、当時のカトリック教会が宣言した公の立場では、必ずしもキリストの唯一の犠牲を否定してはいませんでした。カトリック教会がミサについて教えようとしたことは、十字架上でただ一度為されたキリストの救いの効力が今日までも確かに及んでいるということ、わたしたちのためにある意味で今もなお御自身を献げ続けておられる方にならって、教会もまた神への献身へと促されているということです（パンとブドウ酒がキリストの肉と血になるという教えについては、問78の解説を参照してください）。

ですから、カトリック教会の公的な教えそのものが非聖書的だと言うことは必ずしも当たっていないと、わたしは思います。しかし、このような教えを正確に理解していない人々の間に、どのような迷信や誤謬が入り込んだのかは全く別の話です。聖餐式をめぐる誤解は、当時も今もカトリックでもプロテスタントでも十分起こり得ることだからです。

難しいのは、十字架上で成し遂げられたキリストの御業がわたしのためでもあったという聖餐式の真理をどのように説明するかということです。このことは信仰の神秘ですから、理屈で説明することは不可能です。しかしまた、説明しなければ理解する手がかりを得ることもできないでしょう。

わたしが深く感銘するのは、キリスト教会がいつの時代でも、このキリストの救いの現実（リアリティ）を真摯に受け止め、生けるキリストを日々実感しながら生きようとしてきたことです。そして、それこそが、わたしたちが過《あやま》つことなく受け継がねばならないことではないかと思うのです。

問81　どのような人が、主の食卓に来るべきですか。

答　自分の罪のために自己を嫌悪しながらも、
　キリストの苦難と死とによってそれらが赦され、
　残る弱さも覆われることをなおも信じ、
　さらにまた、よりいっそう自分の信仰が強められ、
　自分の生活が正されることを
　切に求める人たちです。
　しかし、悔い改めない者や偽善者たちは、
　自分自身に対する裁きを飲み食いしているのです。

問82　それでは、その信仰告白と生活とによって
　不信仰と背信とを示している人々でも、
　この晩餐にあずかれるのですか。

答　いいえ。

なぜなら、それによって神の契約を侮辱し、
御怒りを全会衆に招くことになるからです。
それゆえ、キリストの教会は、
キリストとその使徒たちとの定めに従って、
そのような人々をその生活が正されるまで、
鍵の務めによって締め出す責任があります。

ギリシアのコリントにある教会では、どうやら礼拝における聖餐式をめぐるいくつかの混乱や過ちがあったようです。この教会の指導者だったパウロは、大変厳しい調子で次のように書いています。「ふさわしくないままで主のパンを食べたり、その杯を飲んだりする者は、主の体と血に対して罪を犯すことになります」（Iコリント一一27）。それは「自分自身に対する裁きを飲み食いしている」に等しく、事実、コリント教会に弱い者や病人がたくさんいるのはそのためだとさえ、パウロは言います（29－30節）。しかし、それは彼らを滅ぼすためではなく、むしろ彼らを救うための神の懲らしめなのだと（32節）。

『信仰問答』も同様に、問82で「その信仰告白と生活とによって不信仰と背信とを示している人々」が主の晩餐にあずかることを禁じています。「なぜなら、それによって神の契約を侮辱し、御怒りを全会衆に招くことになるからです。それゆえ、キリストの教会は、キリストとその使徒た

ちとの定めに従って、そのような人々をその生活が正されるまで、鍵の務めによって締め出す責任があります」。

キリスト教会に委ねられた「鍵の務め」については次回取り上げますが、聖餐式という礼典には、ふさわしい信仰と生活が求められるということを本問は教えています。長い間にたんなる儀式と化してしまった聖餐式を、何とか本来の姿に戻そうと奮闘している当時のヨーロッパの教会事情がここには反映されていると言えましょう。

実際、このような教えは、今日のわたしたちにはあまりにも厳しく感じられるかもしれません。確かに、教会に足を運びキリスト者となるまでにそれ相応の覚悟が求められる状況では、これほどのことを言う必要はないかもしれません。しかし、大切なことは、聖書がなぜここまで真剣に聖餐式を受け止めているのか、すなわち、「どのような人が、主の食卓に来るべき」なのか（問81）を、よく理解することです。

以前にも記しましたが、礼拝の中で行われるこの食事は、食事としての機能をほとんど果たしていません。お腹一杯食べたいなら教会ではなくレストランに行った方がいいでしょう。聖餐式は小さなパンと杯でお腹を一杯にするための食事ではなく、主イエス・キリストというお方を食する食事です。この方の尊い命にあずかり、それによってわたしたちが罪赦され、このお方と一体となって生きることを表す食事なのです。ですから、そのような信仰を持たずにあずかることは、ほとんど意味がありません。

必要とされるのは、イエス・キリストを求める信仰です。決して聖人君子のような生活を送ることが条件なのではありません。むしろ、「自分の罪のために自己を嫌悪しながらも、キリストの苦難と死とによってそれらが赦され、残る弱さも覆われることをなおも信じ、さらにまた、よりいっそう自分の信仰が強められ、自分の生活が正されることを切に求める人たち」こそ、聖餐式にふさわしい人々です。

「医者を必要とするのは、丈夫な人ではなく病人である。わたしが来たのは、正しい人を招くためではなく、罪人を招くためである」と主イエスは仰せられました（マルコ二17）。自己を嫌悪せずにはおれない罪を抱え、信じてもなお残る弱さに悩み苦しむ者たちのために主イエスは来られました。彼らを救うために御自身の命をさえ投げ出してくださった主の命と愛が、聖餐式には表されています。いえ、たんなる象徴ではなく、目には見えない主御自身が霊において臨在されている食事なのです。

主がまさに共におられる食卓ですから、これを軽んじてはなりません。罪の赦しを表す聖餐式を軽んじることは、自分自身の赦しを退けるに等しい行為だからです。他方で、自分の罪のゆえに主に近づくことを恐れている人たちには、そのような人々のためにこそ聖餐式はあることを教え励ましましょう。主は魂の病める者や罪人を招くために来られたのですから。

聖餐式には必ず福音の説教が為されねばならないというのは、このためです。主の赦しの福音と招きが語られ、誰もがこの食卓にあずかりたいと願い、そして一人でも多くの方がこの食卓に共にあずかれるようにすること。それが、聖餐式の心です。

鍵の務めについて

問83　鍵の務めとは何ですか。

答　聖なる福音の説教とキリスト教的戒規のことです。これら二つによって、天国は信仰者たちには開かれ不信仰な者たちには閉ざされるのです。

問84　聖なる福音の説教によって、天国はどのように開かれまた閉ざされるのですか。

答　次のようにです。すなわち、キリストの御命令によって、
信仰者に対して誰にでも告知され
明らかに証言されることは、
彼らが福音の約束を
まことの信仰をもって受け入れる度に、
そのすべての罪が、キリストの功績のゆえに、

神によって真実に赦されるということです。
しかし、不信仰な者や偽善者たちすべてに告知され
明らかに証言されることは、
彼らが回心しない限り、
神の御怒りと永遠の刑罰とが
彼らに留まるということです。
そのような福音の証言によって、
神は両者をこの世と来たるべき世において
裁こうとなさるのです。

主イエスはある時、御自分の弟子たちに、世間一般はともかく「あなたがたはわたしを何者だと言うのか」とお尋ねになりました。これに対しシモン・ペトロが「あなたはメシア、生ける神の子です」と答えると、イエスもまた「あなたはペトロ。わたしはこの岩の上にわたしの教会を建てる……。わたしはあなたに天の国の鍵を授ける。あなたが地上でつなぐことは、天上でもつながれる。あなたが地上で解くことは、天上でも解かれる」とおっしゃいました（マタイ一六15－19）。ここから、使徒ペトロは主イエスから全権を委ねられたと信じられ、ペトロを描く聖画には「鍵」が描き込まれるようになりました。しかし、聖書をよく読むと、主イエスはその権能を決して一個人に委

ねられたわけではなく「あなたがた」という使徒たち全体、すなわち御自分の教会にお委ねになったことがわかります（マタイ一八18、ヨハネ二〇23）。

主イエスに代わって教会が行使する天国の「鍵」とは、罪の赦しを与える権能のことです。それでは、教会はその「鍵」を具体的にどのように用いるのでしょうか。キリストの教会における「鍵の務め」とはいったい何でしょうか。それは「聖なる福音の説教とキリスト教的戒規」であると『信仰問答』は答えています。そして「これら二つによって、天国は信仰者たちには開かれ、不信仰な者たちには閉ざされる」のだと。ここで注意していただきたいことは、「鍵」という比喩を使っているために「開く／閉ざす」と言われていますが、本来この鍵は「開く」ためのものだということです。堕落以来、天国は罪人にとって二度と戻ることのできない閉ざされた場所であって（創世三24参照）、わたしたち次第で開けたり閉じたりできるものではないからです。

この二度と開かれないはずだった天国の門を開いてくださったのが、主イエス・キリストです。そして、ひとたび主イエスによって開かれた門は二度と閉ざされることはありません（黙示三8）。ですから、ここで言われている「開く／閉ざす」とは〝わたしたちにとって〟ということ、たとえて言えば〝わたしたちの心の扉〟がどのように開かれるかということです。

それでは、「聖なる福音の説教によって、天国はどのように開かれ」るのでしょうか。それは、説教によって伝えられた「福音の約束をまことの信仰をもって受け入れる度に、そのすべての罪が、キリストの功績のゆえに、神によって真実に赦される」ことによります。何より大切なことは、ただの世間話でも神の怒りや裁きの告知でもなく、「福音」すなわち喜びの知らせが説かれることです。天国の扉が今や主イエス・キリストによって大きく開かれた、あなたの罪は赦された（ルカ五20、七48他）という喜びの告知がなされること。そして、その福音を聞いたわたしたちもまた心の扉を大きく開いて主イエスを迎え入れ、キリストとの和らぎにあずかることです（黙示三20）。

しかし、このような福音に応答しない時、依然として「**神の御怒りと永遠の刑罰とが彼らに留まる**」。その時初めて刑罰が加えられるのではありません。神の赦しを拒絶している限り、扉は閉ざされたままなのです。このようにして神は人を「**この世と来たるべき世において**」お裁きになると言われます。福音の説教は地上の教会でなされますが、あの世に行ってみたら事情が違っていたということはありません。主イエスが教会に託されたのは「天国の鍵」であって、何か別の鍵ではないからです。「あなたがたが地上で解くことは、天上でも解かれる」と言われたとおり（マタイ一八18）、地上の教会で福音を信じて赦された人は、天上でも裁かれることはありません。地上の教会と天上の教会は一体だからです。

次回は「**キリスト教的戒規**」について学びますが、実はこれも「福音」に伴うことであって別ものではありません。つまり、「天国の鍵」とは、究極的には主イエス・キリストの「福音」のみなのです。主イエスの赦しの言葉によって、天国は誰に対してもどんな罪に対しても開かれます。このことのために、ただそれだけのために、主イエスは御自分の命をお献げくださったのでした。

問85　キリスト教的戒規によって
天国はどのように開かれまた閉ざされるのですか。

答　次のようにです。すなわち、キリストの御命令によって、
キリスト者と言われながら
非キリスト教的な教えまたは行いを為し、
度重なる兄弟からの忠告の後にも
その過ちまたは不道徳を離れない者は、
教会または教会役員に通告されます。
もしその訓戒にも従わない場合、
教会役員によっては
聖礼典の停止をもってキリスト者の会衆から、
神御自身によっては
キリストの御国から、彼らは締め出されます。
しかし、彼らが真実な悔い改めを約束し
またそれを示す時には、
再びキリストとその教会の一部として

受け入れられるのです。

主イエス・キリストの福音による「天国の鍵」のもう一つの務めは「キリスト教的戒規」です。「戒規」という言葉は誤解を与えやすい言葉ですが、基本的には訓練や躾《しつけ》ということと同じです。どの家でもその家ごとの家風や価値観に従って子どもたちを躾けるのと同様、キリスト教会でも躾をします。個人の自由が叫ばれる今日、躾はあまり好まれません。しかし、キリストの教会がこれを曖昧にしてしまうと、教会が自らの基準を見失いかねません。もし何を信じても何をやってもかまわないなら、教会に来る必要もキリスト者である必要もなくなるでしょう。教会が、真理の柱であり土台である生ける神の〝家〟である以上、躾としての「戒規」は必要です（Ⅰテモテ三15）。

「キリスト者と言われながら非キリスト教的な教えまたは行い」をしてしまうことがあります。わたしたちは罪人ですから、たといキリスト者であっても過ちを免れることはできません。大切なことは、それを過ちであるとはっきり認める自覚が教会にあるかどうかです。誰でも罪を犯しますが、問題はそれに対する対処の仕方です。

キリスト教的戒規にとって、まず大切なことは「兄弟からの忠告」です。いきなり牧師が怒るとか教会役員が出てくるのではなく、同じように信仰生活を送っている兄弟姉妹たちに注意をしてもらうことです。「それは違うんじゃない？　やめた方がいいよ」と。教会はキリストに結び合わされた一つの家族なのですから、家族同士が注意し合う。それで「ああ間違っていた。もうやめるよ」となるなら、それでおしまいです。家族なのですから（マタイ一八15）。

しかし、「度重なる兄弟からの忠告の後にもその過ちまたは不道徳を離れない者は、教会または教会役員に通告されます。もしその訓戒にも従わない場合、教会役員によっては聖礼典の停止をもってキリスト者の会衆から、神御自身によってはキリストの御国から、彼らは締め出されます」。これは主イエス御自身によって指示されたプロセスです（マタイ一八16－17）。

悪さをしても頑固に謝らない子どもを、頭を冷やして反省するまで家の外に出して食事にもあずからせないという躾が、昔はありました。ここで言われる「締め出す」とか「聖礼典の停止」も、それと同じです。決して縁を切るとか、勘当するということではありません。躾の一つの手段なのです。ですから、「彼らが真実な悔い改めを約束し、またそれを示す時には、再びキリストとその教会の一部として受け入れられ」ます。

前回も指摘したように、ここでも「鍵」の比喩は完全ではありません。「締め出す」のは鍵をかけて二度と入れなくすることではなく、真実に悔い改めればいつでもまた入ることができる一時的な措置のことです（Ⅰコリント五5）。このことは問84と比べるとよくわかります。天国は福音を聞いて信じる者すべてに大きく開かれますが、「締め出す」という戒規は非常に慎重にするようにと指示されています。どちらに強調点があるかは一目瞭然でしょう。

わたしたちを罪の世から救い出して天国に入れることが、神の御心です（Ⅰテモテ二4）。ただし、天国には天国の価値観がありますから、その子どもとして成長するために躾が必要なのです。それは、あくまでも家族の一員として扱うからであって、家から追い出すためではありません。したがって、締め出される方も出す方も、共に心を痛めるような家族としての堅い絆がなければ、戒規の意味は半減してしまうでしょう。

健全なキリスト教的戒規がなされるためには、健全な信仰に基づいた共同体が必要です。説教にせよ礼典にせよ戒規にせよ、すべての目的は主イエス・キリストを中心とした信仰共同体を建て上げることにあります。皆が心から主イエスに依り頼み、心安らかに憩えるような環境を造り上げることです。そのためにこそ、福音が生き生きと説かれ、礼典を通して天上の恵みにあずかり、今なお罪深いわたしたちが躾を受けながら、少しずつ神の子どもらしく成長していく。これがまさに、教会が御国へと変えられていくための「鍵」の務めなのです。

第三部

感謝について

全生活にわたる感謝

問86　わたしたちが自分の悲惨さから、
自分のいかなる功績にもよらず、
恵みによりキリストを通して救われているのならば、
なぜわたしたちは善い行いをしなければならないのですか。

答　なぜなら、キリストは、
その血によってわたしたちを贖われた後に、
その聖霊によってわたしたちを御自身のかたちへと
生まれ変わらせてもくださるからです。
それは、わたしたちがその恵みに対して
全生活にわたって神に感謝を表し、
この方がわたしたちによって賛美されるためです。
さらに、わたしたちが自分の信仰を
その実によって自ら確かめ、

わたしたちの敬虔な歩みによって
わたしたちの隣人をもキリストに導くためです。

『信仰問答』は全体を三つに分けて教えてきましたが、第三部は「感謝」についてです。つまり、人間は本来の姿から堕落して悲惨となりましたが、そこから救われた人間の新しい姿を一言で言えば、それは「感謝」だということです。このような認識は『信仰問答』の大きな特徴であり、聖書の人間観についてのとても深い理解だと思います。

実は、問86は、ずいぶん前に学んだ問62－64で論じられた「善い行い」についての問答の続きになっています。わたしたち罪人は「自分の悲惨さから、自分のいかなる功績にもよらず、恵みによりキリストを通して救われている」のですが、他方で「まことの信仰によってキリストに接ぎ木された人々が、感謝の実を結ばないことなど、ありえない」と学んだのでした（問64）。それではなぜ、キリストに結ばれた者は必ず感謝の実を結ぶのか。それが今回の答えになっています。「なぜなら、キリストは、その血によってわたしたちを贖われた後に、その聖霊によってわたしたちを御自身のかたちへと生まれ変わらせてもくださるからです」と。

洗礼（問70）や聖晩餐（問76）についての問答で学んだように、わたしたちのために献げられたキリストの命は、たんにわたしたちを赦すだけではなく、わたしたちそのものを根本から再生させる力を持っています。神の御子であるキリストと同様、神の子どもとされたわたしたちもまた、良い実を結べるようにと生まれ変わらせてくださるのです。これは必ず実現へと至らせる神の御業です(エフェソ二10、テトス二14)。

このことによって三つのことが生じると『信仰問答』は論じます。第一に、「わたしたちがその恵みに対して全生活にわたって神に感謝を表し、この方がわたしたちによって賛美される」ようになるということ。かつては神の存在を漠然と知りながら、「神としてあがめることも感謝することもせず」、虚しい思いにふけていた者(ローマ一21)が、神に感謝し神を賛美する者に変わるというのです。これこそ人間の根源的な変化と言えましょう。神は人を決して邪悪で倒錯したものにお造りになったのではなく、むしろ神を「心から愛し、永遠の幸いのうちを神と共に生き、そうして神をほめ歌い賛美するため」に造られたのでした(問6)。キリストによって救われた者は罪赦されて終わりなのではなく、創造された人間本来の姿、すなわち、全生活にわたって神を喜び祝う者へと再創造されていくのです。

第二に、「わたしたちが自分の信仰をその実によって自ら確かめ」られるということです。命の営みは、ゆっくりと進みます。いつの間に芽が出て実がなるのか気づかないほど、しかし、確実に進んでいきます。ちょうどそれと同じように、自分が信仰者として成長していることなど気づかないかもしれませんが、キリストに接ぎ木された人生は必ずや実を結ぶ。依然として多くの悩みがあり、情けないほど弱い自分の姿があるかもしれません。それでも、罪人であることを認めて赦しを請う自分がいる。神に感謝や賛美を捧げるようになった自分がいる。少しでも隣人を愛そうとしている自分がいる。それが、キリストに結ばれた信仰の証しでなくて何でしょうか。まして愛・喜び・平和・寛容・親切・善意・誠実・柔和・節制などの聖霊の実（ガラテヤ五22－23）を結ぶことができたなら！

第三の効果は、「わたしたちの敬虔な歩みによってわたしたちの隣人をもキリストに導く」ということです。「敬虔な」とは、修道士のような生活をすることでは必ずしもありません。ここでは、全体が調和している健全さのことを意味しています（ラテン語版は integrate）。身も心も全体がキリストにある深い平安と感謝に満ちた生活を送る時、隣人もまた不思議にキリストへと導かれることがあるというのです。

罪と悲惨の闇に深く閉ざされた殺伐とした世の中で、感謝に満ちた生活を送ることがいかに豊かで温かな光を放つことか。その人がいるだけで、凍りついた心も溶かされていくでしょう。そうして、その光の源へと人々の心は導かれていくことでしょう（マタイ五16、Ⅰペトロ二12）。

問87　それでは、感謝も悔い改めもない歩みから
神へと立ち返らない人々は、
祝福されることができないのですか。

答　決してできません。

なぜなら、聖書がこう語っているとおりだからです。
「みだらな者、偶像を礼拝する者、
姦通する者、泥棒、強欲な者、酒におぼれる者、
人を悪く言う者、人の物を奪う者は、
決して神の国を受け継ぐことができません」。

問88　人間のまことの悔い改めまたは回心は、いくつのことから成っていますか。

答　二つのことです。
すなわち、古い人の死滅と新しい人の復活です。

神によって造られた人間は、神から離れることによって罪と悲惨な状態に落ちました。しかし、神はそのような人間をお見捨てになるどころか、むしろ命をかけて救い上げてくださった。わたしたちは、そのような神の救いを学べば学ぶほど、キリストがわたしのために為してくださった御業を知れば知るほど、全生活にわたる感謝へと導かれる。これがキリスト者の生活の特徴であり、『信仰問答』第三部の主題である、と学びました。

そこで疑問が起こります。「それでは、感謝も悔い改めもない歩みから神へと立ち返らない人々は、祝福されることができないのですか」。感謝の生活が信仰者の特徴であるならば、逆に感謝も

悔い改めもない生活が続く時、わたしたちの人生にいささかも変化が生まれない時、それは祝福される人生とならないのだろうか。答えは極めて率直です。「決してできません。なぜなら、聖書がこう語っているとおりだからです。『みだらな者、偶像を礼拝する者、姦通する者、泥棒、強欲な者、酒におぼれる者、人を悪く言う者、人の物を奪う者は、決して神の国を受け継ぐことができません』」。

二重鉤括弧で括られている引用部分は、コリントの信徒の手紙一、六章9－10節の引用を少しだけ短くしたものです。パウロは同じことを他の箇所でも繰り返しています（ガラテヤ五19－21、エフェソ五5）。ここに挙げられた悪徳の数々はおよそ神の御旨に背くものですから、そのままの状態で「神の国を受け継ぐこと」ができないのは当然でしょう。しかし、この悪徳リストの一つでも犯す者は救われないということでは、もちろんありません。もしそうなら、誰一人救われる人などいないでしょう。そうではなく、そのような罪人さえも救ってくださる神に何の「感謝も悔い改めもない歩み」を続けること、つまりは「神へと立ち返らない」もとのままの人生で、祝福されることはないということです。

「わたしは悪人が死ぬのを喜ばない。むしろ、悪人がその道から立ち帰って生きることを喜ぶ」と、主なる神は言われます（エゼキエル三三11）。肉の欲におぼれた身勝手で破滅的な人生から、わたしたちを愛して止まない神にすべてをゆだねる神中心の人生へと方向転換すること。それが聖書の言う「悔い改め」です。

『信仰問答』は、これまでも何度となく「悔い改め」の必要性を繰り返し教えてきました（問81、82、84、85等）。これは、キリスト教信仰が儀式的・形式的なものに堕していた当時のヨーロッパ世界の状況を色濃く反映しています。信じることと生きることは決して別のことではない。イエス・キリストの福音はわたしたち罪人の生き様を変革させる神の力である（ローマ一16）というのが、『信仰問答』の確信です。実際、キリストは、御自分の血によってわたしたちを贖われた後に、その聖霊によってわたしたちを御自身の姿に似た者となるように生まれ変わらせてもくださるからです（問86）。

それでは、わたしたちが生まれ変わる、すなわち人生の方向転換としての「**まことの悔い改めまたは回心**」とは、どのようなものでしょう。いい加減な悔い改めや中途半端な回心ではなく、「まことの」悔い改めや回心には二つの側面があると『信仰問答』は教えます。「**古い人の死滅と新しい人の復活です**」。使徒パウロは、キリスト者の生活について語る際に、しばしばこの表現を用いています（ローマ六1－11、エフェソ四22－24、コロサイ三5－10）。

わたしの中には、自己中心的で肉の欲望にひかれる弱く罪深い「古い人」がいる。しかし、かつてはそれだけだった自分の中に、今や神を信じて生きたい、キリストに従った人生を歩みたいという「新しい人」が生まれた。自分の中の「古い人」が葬り去られて「新しい人」が立ち上がってくる（ラテン語版では「新生する」）こと、それが主の霊による真の回心のしるしです。

キリストは、罪の生活にどっぷり浸かっていたわたしたちをそのまま赦してくださいます。しかし、その罪の生活そのものの中には人の真の「祝福」はありません。死臭漂う墓場のような生活に別れを告げ、立ち上がって新しい命の道を歩み始める。何度つまずき倒れても立ち上がって歩み続ける。それがキリストに結ばれた者の歩みなのです。

問89　古い人の死滅とは何ですか。

答　心から罪を嘆き、
　　またそれをますます憎み避けるようになる、
　　ということです。

問90　新しい人の復活とは何ですか。

答　キリストによって心から神を喜び、
　　また神の御旨に従ったあらゆる善い行いに
　　心を打ち込んで生きる、ということです。

わたしたち罪人が再び神の祝福の道を生きるためには「まことの悔い改めまたは回心」が必要ですが、それには「古い人の死滅」と「新しい人の復活」の二つの側面があることを学びました（問88）。今回は各々について、もう少し詳しく学んでみましょう。

わたしたちの内には「古い人」があると聖書は言います。この世の価値観・自分の欲望にとらわれた罪人としての自分です。神の御旨を行うことができないばかりか「神と自分の隣人を憎む方へと、生まれつき心が傾いている」(問5)自分のことです。他者の幸福を犠牲にしても自分さえ幸福であればよいという自己中心的な人間の心が、神の御子をさえ十字架に付けたのです。

しかし、それは結局のところ自分自身を蝕む死に至る病のようなものです。わたしたちが生きるためには、まずその病根である古い人を「死滅」させなければなりません。それは何よりも「心から罪を嘆き、またそれをますます憎み避けるようになる」ことです。罪の味はしばしば忘れ難く、甘い香りを放ってわたしたちを誘い続けます。しかし、もうそういう人生はこりごりだと背を向けて離れようとすること、それでもなお舞い戻ろうとする罪深い我が身を〝心を引き裂いて〟嘆き悲しむことです(ヨエル二13、詩編五一19)。そのような「神の御心に適った悲しみは、取り消されることのない救いに通じる悔い改めを生じさせ」ることでしょう(Ⅱコリント七10)。

『信仰問答』は「死滅(absterbung)」という興味深い言葉を使っています。徐々に枯れて死んでいくという表現です。このような悔い改めを通して、徐々に「古い人」は死んでいくのですが、真の悔い改めは罪を嘆くだけではなく「新しい人の復活」を伴います。それは「キリストによって心から神を喜び、また神の御旨に従ったあらゆる善い行いに心を打ち込んで生きる」自分に生まれ変わっていくことです。

罪深い人間には、自分自身で方向転換をして生まれ変わるということができません。もしこのような人間を生まれ変わらせることができるとすれば、それは人間を造られた神のみです。罪に汚れた人間を再び栄光ある姿へと造り変える、いわば再創造の御業が「キリストによって」もたらされます。その変化はまず、キリストの死と復活によって与えられる大いなる救いの喜びに現れます。

「古い人の死滅」が悲しみだとすれば、「新しい人の復活」は喜びがその原動力となります（詩編五一10、14）。神を憎む方へと傾いていたわたしの心が、神を喜ぶ方へと変えられる。自分の力で生きてきたと思っているわたしという存在が、実は神の内に生きていたのだということに気づく。そのことに無上の喜びを感じるようになる。そして、ちょうど親を喜ばせることが子どもの喜びであるように、神がお喜びになるあらゆる善い行いに心を打ち込んで生きるようになる（問1参照）。これが全く新しい人生への方向転換であり「新しい人の復活」です。

ルカによる福音書（一五11－24）の〝放蕩息子のたとえ〟は、人間の回心を見事に表現しています。自分勝手に父の家を飛び出して欲望のままに生きて身を持ち崩した息子は、いわば人生の死を経験します。しかし、我に返った彼は、そのどん底から父の家に帰ろうと立ち上がって歩み出します（20節）。それが彼の「復活」です。死んでいたのに生き返ったと、父親が言うとおりです（24節）。

しかし、「まことの悔い改めまたは回心」は、一朝一夕に為されるわけではありません。先ほどの「死滅」という言葉に表現されたように、徐々に進行するものです。立ち上がったと思ったら倒れ、また立ち上がる。まるで赤ん坊のように遅々たる歩みです。宗教改革者マルティン・ルターが有名な『九十五箇条の提題』の冒頭に記したように、キリスト者の全生涯が悔い改めの生涯なのです。

とはいえ、そのような歩みの中にキリストの復活の力は現れ（問45）、神の祝福はあふれ出ます。「生きているのは、もはやわたしではありません。キリストがわたしの内に生きておられる」（ガラテヤ二20）とのパウロの言葉通り、キリストの命はすでにわたしの中で鼓動し始めています。終わりの日の完成を目指して。

十戒について

問91　しかし、善い行いとはどのようなものですか。

答　ただまことの信仰から、神の律法に従い、
　この方の栄光のために為されるものだけであって、
わたしたちがよいと思うことや
人間の定めに基づくものではありません。

問92　主の律法とはどのようなものですか。
答　神はこれらすべての言葉を告げられた。
第一戒
わたしは主、あなたの神、
　あなたをエジプトの国、
　奴隷の家から導き出した神である。
あなたには、わたしをおいてほかに神があってはならない。
第二戒
あなたはいかなる像も造ってはならない。
上は天にあり、下は地にあり、また地の下の水の中にある、
　いかなるものの形も造ってはならない。
あなたはそれらに向かってひれ伏したり、
　それらに仕えたりしてはならない。
わたしは主、あなたの神。わたしは、熱情の神である。
わたしを否む者には、
　父祖の罪を子孫に三代、四代までも問うが、
わたしを愛し、わたしの戒めを守る者には、

幾千代にも及ぶ慈しみを与える。
第三戒
あなたの神、主の名をみだりに唱えてはならない。
みだりにその名を唱える者を主は罰せずにはおかれない。
第四戒
安息日を心に留め、これを聖別せよ。
六日の間働いて、何であれあなたの仕事をし、
七日目は、あなたの神、主の安息日であるから、
いかなる仕事もしてはならない。
あなたも、息子も、娘も、男女の奴隷も、家畜も、
あなたの町の門の中に寄留する人々も同様である。
六日の間に主は天と地と海とそこにあるすべてのものを造り、
七日目に休まれたから、
主は安息日を祝福して聖別されたのである。
第五戒
あなたの父母を敬え。
そうすればあなたは、

あなたの神、主が与えられる土地に
長く生きることができる。
第六戒
殺してはならない。
第七戒
姦淫してはならない。
第八戒
盗んではならない。
第九戒
隣人に関して偽証してはならない。
第十戒
隣人の家を欲してはならない。
隣人の妻、男女の奴隷、牛、ろばなど
隣人のものを一切欲してはならない。

問93　これらの戒めはどのように分かれていますか。

答　二枚の板に分かれています。
その第一は、四つの戒めにおいて、

わたしたちが神に対して
どのようにふるまうべきかを教え、
第二は、六つの戒めにおいて、
わたしたちが自分の隣人に対して
どのような義務を負っているかを教えています。

『信仰問答』は、これまで何度か「善い行い」についての問答を重ねてきました。なぜわたしたちの善い行いは神の御前で義と認められないのか（問62）。わたしたちの善い行いは何の値打ちもないのか（問63）。恵みによって救われるなら、なぜ善い行いをしなければならないのか（問86）。そして、キリストにある「新しい人の復活」としての善い行いについて（問90）です。これらは大きく二つの面に分けられます。すなわち、救いのための善い行いと、救われた者としての善い行いです。

聖書によれば、堕落した人間による善い行いは不完全で到底神の御目にかなうものではありません。それどころか神の意志に反した行いはいっそう神の怒りを招くだけです。わたしたちが救われるために、善い行いは全く役に立たないのです。そして、そのためにこそ、主イエス・キリストの十字架の死が必要なのでした。

しかし、キリストによって救われた者による善い行いは、全く別の意味を持っています。それはもはや救われるための善行ではなく、神に喜んでいただくための感謝の行為だからです。たとい現象としての行為自体は同じであったとしても、全く意味が違います。別に言えば、善い行いにとって大切なことは、行為そのものよりもその行いの動機と目的であるということです。

それでは、キリストによって神を喜び、新しく生きていこうと回心した者にとっての「善い行い」とは何でしょうか。それは第一に、「**まことの信仰から**」為されるものです。何か義務でするものでもさせられるものでもない。キリストに結ばれた者としての感謝と神に対する信頼から、自発的に為されるものです（ヨハネ一五5、ヘブライ一一6）。第二に、それは「**神の律法**」に従ったものです。なぜなら、わたしたちの善い行いは自己満足や人からほめられるためにするのではなく（マタイ六1－2）、「**この方〔神〕の栄光のために**」為されるものだからです（Ⅰコリント一〇31）。神に喜んでいただくためにするのですから、「**わたしたちがよいと思うことや人間の定めに基づくものでは**」なく、神の御旨にかなって為されねばならないのは当然です。

これらの動機と手段と目的が、キリスト者の善い行いの特徴です。たんに道徳的・市民的な善行ということであれば、信仰の有る無しは関係ないでしょう。他宗教の方の中にもすぐれた善行の例はいくつもあります。事実、主イエス御自身、当時のユダヤ人社会で異端とされていたサマリヤ人を善行の模範として挙げておられます（ルカ一〇25以下）。しかし、問題はその心です。イエス・キリストの救いにあずかった人々が為すべき善い行いとは、もはや救われるための行いではなく、神によって愛され赦された者だけが知っている喜びと感謝に基づく行いなのです。

「神の律法」は『信仰問答』の中で二回取り上げられます。一回目は「人間の悲惨さについて」の冒頭（問3）で、わたしたちが自分の悲惨に気づくための手段として言及されました。神への愛と隣人への愛を求める律法（問4）に従えない人間の罪深さが明らかにされました（問5）。そして、再び神の律法が登場するのが、この第三部「感謝について」です。ここでは人間の悲惨さを思い知らせる手段としてではなく、感謝を表すための指針として紹介されています。律法そのものは同じであるにもかかわらず全く異なる意味を持つようになったのは、律法に関わるわたしたち自身が変化したからです。

そうして、全生活にわたる感謝を表すための指針として引用されるのが、有名な「十戒」です。これらの戒めは「神に対して」と「隣人に対して」の大きく二つに分けることができます。教会の伝統によって戒めそのものの数え方も異なれば、十の戒めの分け方も四つと六つだったり三つと七つだったりします。いずれも便宜的なものです。

大切なことは、かつてはわたしの罪を暴き出すための鋭い剣だった神の律法が、今やキリストにある感謝の生活を歩むための道の光（詩編一一九105）として与えられていることの幸いです。この指針に導かれながら、主に喜ばれる道を歩んでまいりましょう。

問94　第一戒で、主は何を求めておられますか。

答　わたしが自分の魂の救いと祝福とを失わないために、
あらゆる偶像崇拝、魔術、迷信的な教え、
諸聖人や他の被造物への呼びかけを
避けて逃れるべきこと。
唯一のまことの神を正しく知り、この方にのみ信頼し、
謙遜と忍耐の限りを尽して、
この方にのみすべてのよきものを期待し、
真心からこの方を愛し、畏れ敬うことです。
すなわち、わたしが、ほんのわずかでも
神の御旨に反して何かをするくらいならば、
むしろすべての被造物の方を放棄する、
ということです。

問95　偶像崇拝とは何ですか。

答　御言葉において御自身を啓示された、
唯一のまことの神に代えて、またはこの方と並べて、
人が自分の信頼を置く何か他のものを考え出したり、
所有したりすることです。

旧約聖書にある律法とりわけ「十戒」をキリスト者の生活の指針とすること自体は、『ハイデルベルク信仰問答』のみならず、すでに初期キリスト教時代からの伝統です。しかし、福音の恵みに対する「感謝」の応答として十戒を理解するのは、やはり宗教改革における大きな特徴と言えましょう。

さて、そのような宗教改革の口火を切ったマルティン・ルターは、十戒を瞑想する際にさまざまな視点から思い巡らすよう勧めています。まず、各々の戒めがわたしに何を要求しているかを考える。第二に、それによって神への感謝を思い巡らす。第三に、懺悔。そして最後に、祈りへと導かれるのだと。元修道士だったルターらしい勧めですが、ここには十戒を学ぶ際の姿勢がよく示されています。十戒は表面的な言葉だけでなく、そこで神が「わたしに何をお求めになっているか」をよく思い巡らすこと。特に、その戒めに表された神の深い恵みを「感謝」の心で理解する。しかし、その求めに十分応えることのできない自分の無力さの「懺悔」。そして、少しでも従える者となれるようにとの「祈り」の必要です。

わたしたちの『信仰問答』もまた、同じ視点から書かれていることに気づかれたことでしょう。これから学ぶ戒めの各々について「**主は何を求めておられますか**」と問いかけられ、答えはしばしば「**わたし**」という一人称単数で記されて、神の恵みに対する感謝の応答として生きる姿勢が述べられているからです（懺悔と祈りについては、問114以下を参照）。

さて、そのような十の戒め全体の土台とも言うべき戒めが、第一戒「わたしは主、あなたの神、あなたをエジプトの国、奴隷の家から導き出した神である。あなたには、わたしをおいてほかに神があってはならない」です。この戒めで、主から求められていることは三つあります。

第一に、「わたしが自分の魂の救いと祝福とを失わないために、あらゆる偶像崇拝、魔術、迷信的な教え、諸聖人や他の被造物への呼びかけを避けて逃れるべきこと」です。「偶像崇拝」については、問95で教えられているように、ただ偶像を拝むということだけではなく、「御言葉において御自身を啓示された、唯一のまことの神に代えて、またはこの方と並べて、人が自分の信頼を置く何か他のものを考え出したり、所有したりすること」も含まれます。

一言で言えば、聖書に教えられている神以外のものに信頼を置いてはならない、ということです。大切なのは、それが「自分の魂の祝福を失わないため」だということです。これまでわたしたちは、この神がわたしたち罪人の救いと祝福のためにいかに大きな犠牲を払ってくださったかを学んできました。そうであれば、あなたを救うこともできない虚しいものに心引かれて祝福を失ってはならないと、神は案じて戒めておられるのです（ガラテヤ四8－9）。

キリストの犠牲によって魂の救いを得たわたしたちは、アダムとエバが犯した同じ過ちを繰り返してはなりません。「死んではいけない」と警告された神の戒めを無視して、他のものに信頼を置いて堕落し、罪の悲惨を招いた彼らの過ちを繰り返してはならないのです。魂に戦いを挑む肉の欲を避けて逃れましょう（Ⅰペトロ二11）。

第二に、わたしたちはむしろイエス・キリストにおいて御自身を現してくださった「唯一のまことの神を正しく知り、この方にのみ信頼し、謙遜と忍耐の限りを尽して、この方にのみすべてのよきものを期待し、真心からこの方を愛し、畏れ敬うこと」です。この真実な神と主イエス・キリストを愛の心をもって信頼することこそ、人の命だからです（ヨハネ一七3）。

そして第三に、わたしたちを祝福してくださる「神の御旨に反して何かをするくらいならば、むしろすべての被造物の方を放棄する」覚悟を持つことです。わたしたちの健康も家族も生活も仕事も、すべては神からの祝福です。優先順位を間違えてはいけません（マタイ一〇37－39）。

神ならぬものを神としたことが人間の堕落の始まりでした。それゆえ、まことの神を神とすることが人間再生の第一歩です。この礼拝的人生を、喜びをもって生きていきましょう。それこそが主の恵みに応える道なのですから。

問96　第二戒で、神は何を望んでおられますか。

答　わたしたちが、どのような方法であれ神を形作ったり、この方が御言葉において命じられた以外の仕方で礼拝してはならない、ということです。

問97　それならば、

人はどのようなかたちも造ってはならないのですか。

答　神は決して模造されえないし、
　　またされるべきでもありません。

被造物については、それが模造されうるとはいえ、
　　人がそれを崇めたり
またはそれによってこの方を礼拝するために、
そのかたちを造ったり所有したりすることを、
　　神は禁じておられるのです。

問98　しかし、画像は、信徒のための書物として、
教会で許されてもよいのではありませんか。

答　いいえ。
わたしたちは神より賢くなろうとすべきではありません。
この方は御自分の信徒を、物言わぬ偶像によってではなく、
　　御言葉の生きた説教によって教えようとなさるのです。

神に罪赦された者の感謝の生活の指針である十戒の、前半四つの戒めは、神との関係または神を愛するということについて教えています。第一戒では唯一真の神のみを信じ信頼することを学びま

したが、第二戒はその神をふさわしく礼拝することについてです。

第二戒は「あなたはいかなる像も造ってはならない」という戒めで、「わたしたちが、どのような方法であれ神を形作ったり、この方が御言葉において命じられた以外の仕方で礼拝してはならない」ということを教える、いわゆる〝偶像〟の禁止です。

その昔、ローマ帝国が地中海世界を支配していた時代、ギリシアやローマの人々はユダヤ教徒やキリスト教徒を無神論者と呼びました。彼らの礼拝の場に何の像もなかったからです。なぜ聖書の宗教は形ある神を持たないのか。理由は単純です。この神というお方が目に見えないからです。「神は決して模造されえないし、またされるべきでもありません」。目に見えない神を、目に見える形にしてはならないのです（申命四15）。

第二戒は、しかし、異なる神を崇拝することの禁止というよりは、たとい真の神を礼拝する場合でも像を造ってはならないという礼拝の方法についての戒めです。神から戒めをいただくためにシナイ山に登ったモーセがいっこうに降りて来ないので人々がしびれを切らした、というお話があります。人々は早く礼拝（祭り）がしたいと不平を言って、モーセの兄アロンに神を造らせました。彼らは決して異なる神を求めたのではなく、イスラエルをエジプトの国から導き上った神を造ったのでした（出エジプト三二1－6）。しかし、これが主なる神の怒りを招きました。彼らの間違いは、たんに目に見えない神を形作ったということだけではなく、神礼拝を自分の好みに合わせて行ったことにありました。礼拝を捧げる神に自分を合わせるのではなくて、自分に神を合わせようとしたからです。

当の本人がそこにいるにもかかわらず、その人の写真や像の方がいいと言うのはおかしなことでしょう。それでは実物ではなく虚像を愛していることになります。偶像（アイドル）を崇拝するとは、実にそういうことです。すなわち、偶像崇拝禁止の最大の理由は、今も生きておられる真の神をわたしたちが生き生きと礼拝することを妨げる、または著しく損ねるという点にこそあるということを心に留めましょう。

ヨーロッパで宗教改革の嵐が吹き荒れた頃、人々は聖堂の内外にあったキリスト像や聖人像などを理由もわからず片端から破壊しました。まるで偶像を破壊すること自体が宗教改革であるかのように考えたからです。しかし、改革者たちが願ったことは偶像を破壊すること自体ではなく、何よりもただしい神礼拝の回復にありました。

キリスト教会がなぜ聖堂に像を飾ったり絵を描いたりするようになったのか。もとはと言えば、子どもを含めた信徒たちに聖書の真理や徳を効果的に伝えるという教育的な目的からであり、それらは「信徒のための書物」と言われました。しかし、「わたしたちは神より賢くなろうとすべきではありません」と『信仰問答』は戒めています。わたしたちの神がお望みになったのは、「御自分の信徒を、物言わぬ偶像によってではなく、御言葉の生きた説教によって」教えることだったからです。画像ではなく言葉、しかも書かれた言葉だけではなく「生きた説教」によって、です。

今日の教会において、教材としての絵や形が悪いわけでは必ずしもないでしょう。しかし、御言葉が伝える神やその恵みは、限りなく豊かです。それを表現するのに、言葉にまさるものはありません。改革者たちが説教を重んじたのはそのためです。

改革者たちは、説教の言葉によって描かれるキリストの福音のリアリティを重んじました。人の手で作った物にまさるリアリティを、聴く人々の心に刻みつけることです。御言葉の説教に耳を傾ける人々が、今も生きておられる主を心から畏れ敬い、また心熱く愛するようになること、それがこの戒めの意図です。形にできないほど大きな神の御存在と計り知れない神の愛を、わたしたちが生き生きと感じて生きるためです。

問99　第三戒は何を求めていますか。

答　わたしたちが、呪いや偽りの誓いによってのみならず、
不必要な誓約によっても、
神の御名を冒瀆または乱用することなく、
黙認や傍観によっても
そのような恐るべき罪に関与しない、
ということ。
要するに、わたしたちが畏れと敬虔によらないでは

神の聖なる御名を用いない、ということです。
それは、この方がわたしたちによって正しく告白され、
呼びかけられ、
わたしたちのすべての言葉と行いとによって
讃えられるためです。

問100　それでは、呪いや誓約によって神の御名を冒瀆することは、
それをできうる限り阻止したり
禁じたりしようとしない人々にも
神がお怒りになるほど、重い罪なのですか。

答　確かにそのとおりです。
なぜなら、神の御名の冒瀆ほど
この方が激しくお怒りになる罪はないからです。
それゆえ、この方は、
それを死をもって罰するようにもお命じになりました。

キリスト者の感謝の生活の指針である十戒の第三戒は、「あなたの神、主の名をみだりに唱えてはならない」という戒めです。神の名ということが、この戒めの中心です。

昔、エジプトで苦しい生活を送っていたイスラエル人を救うために神がモーセをお遣わしになった時、「お前を遣わした神の名は何か」と問われたら何と答えましょうと、モーセは神に尋ねました。エジプトには、無数の神々の名があったからです。すると神は「わたしはある。わたしはあるという者だ」とお答えになりました（出エジプト三14）。これは神が〝存在の根拠／あらしめる者／生きている者〟という、いずれにも理解できる名です。いずれにせよ、おそらくはこの「わたしはある」という言葉がもとになって、ヘブライ語のＹＨＷＨ（日本語では「主」）という神の名が用いられるようになったのではないかと思われます。

ところが、その後の歴史の中で、人々が神の名を冒瀆することを恐れてこの単語を発音しなくなったために、読み方がわからなくなってしまったという経緯があります（今日では〝ヤーウェ／ヤハウェ〟と発音するのではないかと言われています）。しかし、神が御自分の名前をお知らせになったのは、わたしたちが口にしないためではありません。もしそうなら、初めから知らせること自体を拒んだはずです。そうではなく、むしろわたしたちが神の名を用いるためにこそ知らせてくださったのです。

ですから、第三戒が禁じているのは、神の名を用いること自体でなく「みだりに」唱えること、すなわち「わたしたちが、呪いや偽りの誓いによってのみならず、不必要な誓約によっても、神の御名を冒瀆または乱用する」ようなことです。

『信仰問答』の十戒の解説は、時に詳しすぎるところがありますが、この第三戒もその一つです。

これは当時のヨーロッパがキリスト教社会であったために、日常生活のすべてが神と切り離せない関係にあったからです。しかも罪深い人間社会ゆえ、悪口や汚い言葉を吐く時に神の名が引き合いに出されるなど、神の名が誤用・乱用される機会が実際に多かったのです。こうした悪い習慣は容易に日常生活に入り込んで定着し、そのうち人々は何も感じなくなって慣れてしまいます。「黙認や傍観によってもそのような恐るべき罪に関与しない」とわざわざ警告されているのはそのためです。

しかし、そもそも、なぜ神の名の乱用がそんなにも「重い罪」なのでしょう。それは、ちょうど第二戒が真の神を偶像に変えてしまうことの愚かさと過ちを戒めたように、神の名の冒瀆は神御自身をないがしろにする行為にほかならないからです。本人がその場にいようがいまいが、その人に対する敬意があるならば、その名前をいい加減に用いることはしないでしょう。逆に、その人がいないのをいいことに名前を出して悪口を言うことは、たんに名前だけの問題ではなく、その人に対する敬意がないことの証しです。つまり、第三戒が問題にしているのは、神の名の乱用に表れる、見えない神に対するわたしたちの心の姿勢なのです。

すでに述べたように、神の名前についてのこの戒めは、わたしたちの日常生活に極めて深く関わる戒めです。逆に言えば、神の名とは、それほど身近なものとしてわたしたちの生活に関係すべきものなのです。大切なのは、その名前をわたしたちが正しく喜ばしく感謝をもって用いることです。「要するに、わたしたちが畏れと敬虔によらないでは神の聖なる御名を用いない、ということです。

それは、この方がわたしたちによって正しく告白され、呼びかけられ、わたしたちのすべての言葉と行いとによって讃えられるためです」。

わたしたちの生活のどの場面にも神はおられます。神はいつでもどこでも〝ある〟お方だからです。苦難の日には主の御名を呼び求め（詩編五〇14－15）、何を話すにせよ行うにせよ、すべてを主イエスの名によって感謝する（コロサイ三17）。その意味で、この戒めは、全生活を感謝の生活として捧げるために不可欠な戒めと言えるでしょう。

問101　しかし、神の御名によって敬虔に誓うことはよいのですか。

答　そのとおりです。

権威者が国民にそれを求める場合、
あるいは神の栄光と隣人の救いのために、
誠実と真実とを保ち促進する必要がある場合です。
なぜなら、そのような誓いは、神の言葉に基づいており
旧約と新約の聖徒たちによって
正しく用いられてきたからです。

問102　聖人や他の被造物によって誓うことはよいのですか。

答　いいえ。
なぜなら、正当な誓いとは、ただ独り心を探る方である神に、
真実に対してはそれを証言し、
わたしが偽って誓う時には
わたしを罰してくださるようにと
呼びかけることであり、
このような栄光は、
いかなる被造物にも帰されるものではないからです。

「あなたの神、主の名をみだりに唱えてはならない」という第三の戒めは、神の名を用いないことではなく正しく用いるための戒めだと学びました。今回は、そのように神の名を用いる場面の中でもとりわけ重要な「誓い」についての問答です。

それというのも宗教改革の時代、聖書を重んじるプロテスタントの中に、主イエス御自身が「一切誓いを立ててはならない」（マタイ五34）とお命じになった以上いかなる場面においても誓約すべきでない、と主張する人々がいたからです。

しかし、イエスは本当にすべての誓約を禁じられたのでしょうか。それともその誤用・乱用を戒められたのでしょうか。神の名を「みだりに」用いることが問題であるならば、「敬虔に誓うこと」

は許されるのでしょうか。

『信仰問答』の答えは肯定的です。特に「権威者が国民にそれを求める場合、あるいは神の栄光と隣人の救いのために、誠実と真実とを保ち促進する必要がある場合です。なぜなら、そのような誓いは、神の言葉に基づいており旧約と新約の聖徒たちによって正しく用いられてきたからです」。

神の名による誓いが重んじられたことは「神の言葉」である聖書全体の教え（申命六13、一〇20、エレミヤ四1－2）と「旧約と新約の聖徒たち」の模範（アブラハム／創世二一24、ヨシュア／ヨシュア九15、ダビデ／列王上一29、パウロ／Ⅱコリント一23）からも明らかです。主イエスの禁止命令は、当時の人々の形式主義に堕していた誓約に対してであって、神の名を敬虔に用いる誓約そのものに対してではありません。

神の名による誓約は、公的な場（例えば裁判など）において、あるいはまた「神の栄光と隣人の救いのために、誠実と真実とを保ち促進する必要がある場合」に求められます。確かに、皆が誠実で皆が真実を語る世界に誓約などは不要でしょう。けれども、白を黒と言いくるめる現実の世界には人の良心に訴えて真実を保証させる誓約が求められます。にもかかわらず、不義に満ちた世界では、いとも簡単に人は偽りを語り誓いは破られるのです。「彼らののどは開いた墓のようであり、彼らは舌で人を欺き、その唇には蝮《まむし》の毒がある」（ローマ三13）。

他方、信仰者にとって、誓うことは口先だけの行為ではありません。それは「ただ独り心を探る方である神に、真実に対してはそれを証言し、わたしが偽って誓う時にはわたしを罰してくださるようにと呼びかけること」だからです。自分の言葉の真実を、裁判官や聴衆に対してだけでなく、何よりも目に見えない神に対して証言する信仰告白の行為なのです。

したがって、そのような誓いを「聖人や他の被造物によって」為すことはふさわしくありません。国家の名にせよ自分の家の名にせよ、天使であろうと聖人であろうと、真実の究極的な審判者にはなりえないからです。わたしたちはむしろ神の御名によって敬虔に誓うことを通して、神のみが良心の唯一真の審判者であることを証しし、この方にのみ栄光を帰されるようにいたしましょう。

教会においては、洗礼や信仰告白、教会への転加入、役職への就任、あるいは結婚式等の際に誓約が為されます。これらは神の御前で為される行為ですから、何か形式的な行為と軽々しく考えるべきではありません。けれども、他方で、一度誓ったことに対して断じて失敗は許されないかのように受け止める必要もありません。キリスト者の誓約は、失敗をしないという約束ではなく、わたしに対して常に真実でいてくださる神の御前にわたしもまた誠実に歩みますとの告白だからです。「たとえ死ぬことがあっても、あなたのことを知らないなどとは決して申しません」と、主イエスに対して大見得を切ったペトロの心に偽りはなかったことでしょう（マルコ一四31）。しかし、舌の根も乾かぬうちに彼は三度もイエスを知らないと「誓い」始めました（一四71）。人間は弱い者です。けれども、真実な神は、わたしたちの罪を赦し、あらゆる不義から清めてくださいます（Iヨハネ一9）。第三戒を生きるとは、このような神の御前で誠実かつ感謝をもって生きていくことなのです。

問103　第四戒で、神は何を望んでおられますか。

答　神が望んでおられることは、

第一に、説教の務めと教育活動が維持されて、
わたしが、とりわけ安息の日には神の教会に熱心に集い、
神の言葉を学び、聖礼典にあずかり、
公に主に呼びかけ、キリスト教的な施しをする、
ということ。

第二に、生涯のすべての日において、
わたしが自分の邪悪な行いを休み、
わたしの内で御霊を通して主に働いていただき、
こうして永遠の安息を
この生涯において始めるようになる、ということです。

十戒の第四戒は「安息日を心に留め、これを聖別せよ」という戒めです。この戒めには二つの側面があります。一つは「安息日」と呼ばれる日を守るという外的側面。もう一つは「安息日」が意

図していることは何かという内的側面です。

わたしたちの生活時間を七日ごとに区切るというカレンダーは古くからさまざまな地域に見られましたが、七日ごとに「休む」という習慣はおそらく聖書を信じる人々によって始められた非常に特殊な生活習慣でした。しかも、たんに休むだけではない。一切の労働をせずに神礼拝のために費やす一日なのでした。この習慣は、神が六日間で万物を創造され七日目に休まれたという記事（創世二2、出エジプト二〇11）に基づいており、この神と民との間の「永遠の契約のしるし」とされました（出エジプト三一16）。

イエス・キリストを指し示す影にすぎない律法から解放された（コロサイ二16－17）キリスト者たちは、ユダヤ教の安息日を継承こそしませんでしたが、主イエスが復活された日曜日ごとに集まっては集会を持ち（使徒二〇7、Iコリント一六2）、その日を「主（イエス・キリスト）の日」と呼ぶようになりました（黙示一10）。キリスト者たちにとっても、この七日ごとのサイクルは、いわば神がお定めになったライフスタイルのように受け止められたのかもしれません。つまり、わたしたちと神との関係は、たんに唯一真の神を正しく礼拝するということだけでなく、わたしたちの生活そのものが神のリズムと調和する必要があるということです。

礼拝自体は個人でも家庭でもさまざまな場所や機会に守ることができますが、それでもなお主の日ごとの公的礼拝にまさって大切な礼拝はありません。二人でも三人でも主の御名によって集まりがなされている所、そこに復活の主イエス御自身が共にいてくださるのですから（マタイ一八20）、主の民が皆で集まる礼拝はどれほど豊かに祝されることでしょうか。
ヨーロッパのキリスト教社会では、長い間、修道士たちを中心に毎日のミサが捧げられていましたが、庶民がミサに行くことはまれでした。宗教改革者たちは、七日ごとに礼拝へ行くという神のリズムを人々の生活に回復するとともに、何よりも「説教の務めと教育活動が維持されて、わたしが、とりわけ安息の日には神の教会に熱心に集い、神の言葉を学び、聖礼典にあずかり、公に主に呼びかけ、キリスト教的な施しをする」ことを重んじて、真に礼拝する民の信仰的成長を促す日としたのです。

これは、この戒めの第二の点と関係しています。つまり、「安息日」とはそもそも何のために定められたのかということです。一言で言えば、それはまさに安息を与えるためでした。天地万物を創造された神自らが「休む」という模範を示されたように、すべて命あるものは休ませなければならないということです（レビ二五章）。なぜなら、安息日に表された神の御心は「命を救うこと」だからです（マルコ三4）。人は働き続けるようには造られていません。働き続けると身も心も壊れてしまいます。むしろ、定期的に休むことによって労働の祝福を喜び味わい、そのような祝福の基である神を思い巡らし礼拝する者として造られているのです。

この場合の「休み」とは肉体的のみならず精神的・霊的な休みをも含んでいます。ごろごろ横になっているからといって、休めるわけではないでしょう。わたしたちの心をふさぐさまざまな欲望や思い煩い、自己中心的な人生に真の安らぎはないからです。むしろ、「生涯のすべての日においいて、わたしが自分の邪悪な行いを休み、わたしの内で御霊を通して主に働いて」いただくことです。この世の事柄のみに追われる日常から一歩身を引く。自分中心に生きることを休んで、復活の主にすべてをお委ねして生きる。それが心安らかな生涯を送る秘訣です。

地上の生涯を終えて、いっさいの労苦から解かれる時、わたしたちには文字通り安息が与えられるでしょう（黙示一四13）。けれども、主イエスと結ばれた生涯こそ、人間にとっての真の永遠に続く安息そのものです。その意味で、キリスト者の生活は、すでに「永遠の安息をこの生涯において始めるようになる」ことなのです。

問104　第五戒で、神は何を望んでおられますか。

答　わたしがわたしの父や母、
　またすべてわたしの上に立てられた人々に、
あらゆる敬意と愛と誠実とを示し、
すべてのよい教えや懲らしめには
ふさわしい従順をもって服従し、
彼らの欠けをさえ忍耐すべきである、ということです。
なぜなら、神は彼らの手を通して、

わたしたちを治めようとなさるからです。

十戒は、前半四つが神に対するわたしたちの姿勢、後半六つが隣人に対するわたしたちの義務を教えていると学びました（問93）。今回学ぶ第五戒「あなたの父母を敬え」は後半最初の戒めですが、実は前半と後半をつなぐ大切な働きをしています。それと言うのも、ここに登場する隣人は、神が「彼らの手を通して、わたしたちを治めようとなさる」人々、すなわち「わたしの父や母、またすべてわたしの上に立てられた人々」であり、彼らに対して「あらゆる敬意と愛と誠実とを示し、すべてのよい教えや懲らしめにはふさわしい従順をもって服従」することを教えているからです。つまり、神に対するように接すべき〝縦の人間関係〟が教えられているのです。

「父母を敬え」との教えは、古今東西、別段変わったこともない教えと思えるかもしれません。しかし、旧約聖書の中で繰り返し教えられるこの戒めは、父母に対する呪いの言葉が死罪（出エジプト二一17）にあたるほど厳格な戒めであり、また、父母の別なく両親には全く平等に従うように命じる特別な戒めです（箴言一8、二三22）。

なぜ両親への敬意と従順がそれほどまで厳しく求められているのか。それは、両親が神によって与えられた人々だからです。子どもは自分で親を選べません。すでに生まれる前から、神の不思議な導きと配剤によって備えられています。それゆえ、両親への敬意と従順とは、そのような神の摂理に対する敬意と従順にほかならないのです。

両親だけではありません。この世に生を受けたわたしが今日まで養われ成長するために、数えきれないほど多くの人々の助けがあったはずです。〝狼少年〟の例を引くまでもなく、人間はそのままで人間になるわけではありません。人生の折々に与えられた人々の愛情や配慮、「すべてのよい教えや懲らしめ」によって、人は人として成長していくからです。それもまた、人の思いを超えた天の御父の配剤です。つまり、第五戒の根本にあるのは、わたしという存在がこの世に生まれ出て今日あることを肯定してくださる神の御心への感謝と、人間社会そのものを成り立たせる天の御父の摂理への信頼と言えましょう（問27）。

このように自分の存在を肯定でき、そのために与えられている人々や環境に感謝の心を持つことができるのは幸せなことだと思います。もちろん、完全な親などおりません。上に立てられている人々が常に模範的であるとも限りません。にもかかわらず、「彼らの欠けをさえ忍耐」して受け止め、「神は彼らの手を通して、わたしたちを治めようとなさる」との信仰の目をもって見ることのできる人は幸いです。そのような人は、この世界と人生とを肯定的に受け止めることができるからです。「あなたは幸福になり、地上で長く生きることができる」（エフェソ六3、出エジプト二〇12）という約束の言葉が第五戒に添えられているのは、そのためです。

この第五戒は「人は皆、上に立つ権威に従うべきです」というパウロの言葉（ローマ一三1）と結びつけられて、国家権威への服従や抵抗権の問題として論じられたり、家父長制や奴隷制の是非の問題と絡めて論じられることもありました（コロサイ三18、22等）。そのように問題を広げて論ずることは有益ですが、戒めの本旨を見失わないように注意しましょう。

この戒めは、特定の社会制度や秩序を無条件に肯定するのでも一切の抵抗権を否定するものでもありません。むしろ、どのような境遇に置かれた者にも神の隠された御計画と恵みがあること、すべての人の存在の背後に神の御意志を見ること、そして、各々が召された立場で主イエスの模範にならって生きることを教える戒めだからです。

「キリストは、神の身分でありながら……、へりくだって、死に至るまで、それも十字架の死に至るまで従順でした」（フィリピ二6、8）。神の御子であられた方が、人間の両親にお仕えになり（ルカ二51）、この世の為政者にさえ従って天父の御心を全うなさいました（ルカ二二42）。どうしてわたしたちが従わずにおれましょう。

その意味で、第五戒は、隣人愛の根拠をも与える戒めです。隣人の背後に神の御手を見て、仕えることを教えるからです。そして、主イエスにならって謙遜に歩む者たちを、神もまた高く引き上げてくださることでしょう（Iペトロ五6）。

問105　第六戒で、神は何を望んでおられますか。

答　わたしが、思いにより、言葉や態度により、ましてや行為によって、わたしの隣人を、

自分自らまたは他人を通して、
そしったり、憎んだり、侮辱したり、
殺してはならないこと。
かえってあらゆる復讐心を捨て去ること。
さらに、自分自身を傷つけたり、
自ら危険を冒すべきではない、ということです。
そういうわけで、権威者もまた、
殺人を防ぐために剣を帯びているのです。

問106
しかし、この戒めは、
殺すことについてだけ、語っているのではありませんか。

答
神が、殺人の禁止を通して、
わたしたちに教えようとしておられるのは、
御自身が、ねたみ、憎しみ、怒り、復讐心のような
殺人の根を憎んでおられること。
またすべてそのようなことは、
この方の前では一種の隠れた殺人である、
ということです。

問107　しかし、わたしたちが自分の隣人を
そのようにして殺さなければ、それで十分なのですか。

答　いいえ。
神はそこにおいて、
ねたみ、憎しみ、怒りを断罪しておられるのですから、
この方がわたしたちに求めておられるのは、
わたしたちが自分の隣人を自分自身のように愛し、
忍耐、平和、寛容、慈愛、親切を示し、
その人への危害をできうる限り防ぎ、
わたしたちの敵に対してさえ善を行う、
ということなのです。

聖書が教える隣人愛は、一人一人の存在を良しとされる神の御意志に従うことから始まると前回学びました。「殺してはならない」という第六戒は、まさに一人一人の命を尊ぶという最も基本的な戒めです。

『信仰問答』は、この単純な戒めのために三つの問答をあてて詳細に論じています。それは、この戒めが教えていることがたんなる殺人の禁止だけでなく、神が「ねたみ、憎しみ、怒り、復讐心

のような殺人の根を憎んでおられること。またすべてそのようなことは、この方の前では一種の隠れた殺人である」からです。

「殺人の根」と言われる心の思いについて、はっきり記してあるのは山上の説教にある主イエスの言葉でしょう。「あなたがたも聞いているとおり、昔の人は『殺すな、人を殺した者は裁きを受ける』と命じられている。しかし、わたしは言っておく。兄弟に腹を立てる者はだれでも裁きを受ける。兄弟に『ばか』と言う者は、最高法院に引き渡され、『愚か者』と言う者は、火の地獄に投げ込まれる」（マタイ五21－22）。そして、神の御前に罪を犯して堕落した始祖アダムとエバの子どもたちに起こった悲劇も、そもそも兄の弟に対する「ねたみ、憎しみ、怒り」から生じた殺人事件でした（創世四1－8）。ですから、聖書は、もう初めから「殺人の根」が何なのかを知っていたのです。

「殺してはならない」をこのように理解する時、この戒めは「わたしが、思いにより、言葉や態度により、ましてや行為によって、わたしの隣人を、自分自らまたは他人を通して、そしったり、憎んだり、侮辱したり、殺してはならないこと。かえってあらゆる復讐心を捨て去ること。さらに、自分自身を傷つけたり、自ら危険を冒すべきではない」という広がりを持ってきます。

この問答書が記された時代のジュネーヴ教会では、毎週開かれた役員会のおよそ三分の一の時間を親子や夫婦や地域のけんかの仲裁に費やしたそうです。ここに記されている事柄が決して机の上だけの問題ではなかったことがよくわかります。実際、この問答の教えは驚くほど現代的で今日でもほとんどそのまま当てはまるのではないかと思うほどです。

人はすべて〝神のかたち〟に造られています（創世一27、九5－6）。それは外観のことではなく、人間の尊厳とも言うべきものです。そして、神が一人一人にお与えになった命の尊厳を傷つけることは、人には許されていないのです。たとい復讐であっても、神に委ねるべきです（ローマ一二19）。ただし権威者は、いわば神の代理として「殺人を防ぐために剣を帯びて」いると言われます（ローマ一三4）。

ちょうど人間の堕落の結果が「ねたみ、憎しみ、怒り」から生じた殺人であったのとは逆に、御子によって救ってくださった神がわたしたちに求めておられるのは、「自分の隣人を自分自身のように愛し、忍耐、平和、寛容、慈愛、親切を示し、その人への危害をできうる限り防ぎ、わたしたちの敵に対してさえ善を行う」生活です。

人の「ねたみ、憎しみ、怒り」は、何の罪もない神の御子をさえ十字架につけて殺してしまうほどでした。しかし神は、わたしたちを裁かれるどころか、かえってわたしたちを愛し、御子の十字架によって敵意を滅ぼしてしまわれました（エフェソ二16）。それは、この神によって赦され愛されたわたしたちもまたこの方の心を自分の心として生きるためです。「あなたがたの父が憐れみ深いように、あなたがたも憐れみ深い者となりなさい」（ルカ六36）。「敵を愛し、自分を迫害する者のために祈りなさい。あなたがたの天の父の子となるためである」（マタイ五44－45）。

命が軽視される社会、ねたみや憎しみのような「殺人の根」がはびこる社会とは、自分が生きていることの価値や喜びを感じることができない社会ということなのかもしれません。しかしわたしたちの神は、「わたしの目にはあなたは高価で尊い。わたしはあなたを愛している」（イザヤ四三4／新改訳）と言われます。その独り子をくださるほどにわたしたちを愛してくださった神の愛によって、隣人と社会に関わっていく生活。それがイエス・キリストによって新たにされた生活です。

問108　第七戒は、何を求めていますか。

答　すべてみだらなことは神に呪われるということ。
それゆえ、わたしたちはそれを心から憎み、
　神聖な結婚生活においてもそれ以外の場合においても、
純潔で慎み深く生きるべきである、ということです。

問109　神はこの戒めで、姦淫とそのような汚らわしいこと以外は禁じておられないのですか。

答　わたしたちの体と魂とは共に聖霊の宮です。
ですから、この方はわたしたちがそれら二つを、
　清く聖なるものとして保つことを望んでおられます。
それゆえ、あらゆるみだらな行い、態度、言葉、思い、欲望、

またおよそ人をそれらに誘うおそれのある事柄を禁じておられるのです。

「姦淫してはならない」という第七戒は、直接的には結婚関係を前提としている戒めですが、それに最もよく表される〝性〟の問題全体に関わる戒めと理解してよろしいでしょう。第六戒が人間の存在の根底にある〝命〟に関わる戒めだとすれば、その命を包むようにして神から与えられている性について、この戒めは扱っています。

性についての聖書の教えを考える時に最も大切なテキストは、創世記の人間創造の記事です。そこには、人が神にかたどって「男と女」に創造されたこと（一27）、また人が孤独ではなく共に助け合いながら生きるためのパートナーの創造（二18、22）。さらに、そのようにして造られた者たちが全人格的に一体となる結婚の祝福と、夫婦における健康な性の関係が描かれています（二25）。ですから、聖書は決して性的関係そのものを汚れたものと考えてはいないことを、まず心に留めましょう（箴言五18－19や雅歌を参照）。

その一方で、聖書は結婚以外の性的な関係を厳しく禁じています（レビ一八章参照）。そればかりか、主イエスが「みだらな思いで他人の妻を見る者はだれでも、既に心の中でその女を犯したのである」（マタイ五28）と言われ、実際に事に及ぶかどうかということだけでなく、心の中でのみだらな思いそのものが罪であることを指摘されたとおりです。

それゆえ、第七戒が禁じているのは「すべてみだらなことは神に呪われるということ。それゆえ、わたしたちはそれを心から憎み、神聖な結婚生活においてもそれ以外の場合においても、純潔で慎み深く生きるべきである、ということ」です。

しかし、結婚関係における性は良いものであるのに、なぜ姦淫やその他の性関係は禁じられるのでしょうか。また、性や肉欲に対して寛容な多くの宗教文化があるにもかかわらず、なぜ聖書はそこまでの純潔を求めるのでしょうか。一つには、聖書がわたしたち人間の心や理性を重んじているからです。繰り返しますが、聖書は決して体の欲望を否定していません。ただ、それをきちんとコントロールできることが大切なのです。人は〝神のかたち〟すなわち神の心を持つ理性的存在として造られています。ですから、夫婦でさえも互いに尊敬をもって接するように勧められる（Ⅰテサロニケ四4）一方で、自己中心的な欲望がいかに相手の尊厳を傷つけるかを聖書は描いています（サムエル下一三章）。

第二に、「わたしたちの体と魂とは共に聖霊の宮」だからです。主イエス・キリストに救っていただいたわたしたちの体と魂は、たんなる神のかたちという以上に「聖霊の宮」、すなわち、キリストの御霊が宿る宮とされました。「ですから、この方はわたしたちがそれら二つを、清く聖なるものとして保つことを望んでおられ」ます（Ⅰコリント六19－20）。

わたしたちの体も魂ももはや自分のものではなくキリストのものです（問1）。それゆえ、自分自身を丸ごと神に喜ばれるいけにえとして献げて生きることが、キリストの救いの恵みに応える生き方なのでした（ローマ一二1）。そして、そのようなふさわしいいけにえとなるためにも、「あらゆるみだらな行い、態度、言葉、思い、欲望、またおよそ人をそれらに誘うおそれのある事柄を」避けねばならないということです（エフェソ五3－4他）。

第三に、とりわけ「姦淫」の罪は、結婚関係における愛の誠実さを破ることだからです。最も親密かつ全人格的な関係における背信行為は、あらゆる人格関係の誠実さに影を落とします。神に背いたイスラエルの罪が姦淫にたとえられるのはそのためです（ホセア二4以下を参照）。

禁断の木の実が「いかにもおいしそうで、目を引き付け」唆したように（創世三6）、性的誘惑もまた時にわたしたちの心を強力に引き寄せるかもしれません。しかし、一瞬の快楽がもたらす代償はあまりにも大きく、取り返しのつかない傷を残します。

それにもかかわらず、キリストの十字架によって赦されない罪はありません。主は十字架の犠牲を通して、真の愛とは何かをお示しくださいました。それは奪うことではなく、与えることです。罪赦されてキリストの「花嫁」（黙示一九8）とされたわたしたちは、そのような愛を誠実に生きるようにと招かれているのです。

問110　第八戒で、神は何を禁じておられますか。

答　神は権威者が罰するような

盗みや略奪を禁じておられるのみならず、

暴力によって、
または不正な重り、物差し、升、商品、貨幣、
利息のような合法的な見せかけによって、
あるいは神に禁じられている何らかの手段によって、
わたしたちが自分の隣人の財産を
自らのものにしようとする
あらゆる邪悪な行為また企てをも、
盗みと呼ばれるのです。
神の賜物の不必要な浪費も禁じておられます。
さらに、あらゆる貪欲や

問111

それでは、この戒めで、神は何をあなたに命じておられるのですか。

答

わたしが、自分になしうる限り、
わたしの隣人の利益を促進し、
わたしが人にしてもらいたいと思うことを
その人に対しても行い、
わたしが誠実に働いて、
困窮の中にいる貧しい人々を助けることです。

信仰生活の指針である十戒の後半は、隣人愛についての戒めです。隣人の命を尊ぶこと（第六戒）、性を尊ぶこと（第七戒）に続いて、今回は生活を尊ぶことについて学びましょう。

神は人を創造された時にエデンの園を設け、「見るからに好ましく、食べるに良いものをもたらすあらゆる木を地に生えいでさせ」られました（創世二9）。見るからに食欲をそぐような味も素っ気もないものではなく、心も体も喜ぶようなものを神は用意してくださったのです。神によって備えられた生活を喜び楽しむことは、人間に与えられた特権です（Ⅰテモテ四4）。

「盗んではならない」という第八戒は、神がそのように一人一人に備えておられる生活を侵すことです。したがって「盗み」は、たんに隣人の生活を物質的・精神的に損なうだけでなく、その人に注がれた神の恵みへの侵害なのです。

今日のように複雑化した経済活動では、何が「盗み」になっているのかが極めてわかりにくくなっています。それにもかかわらず、人がいかに巧妙に隠しても正義と公正の神を欺くことはできません。「神は権威者が罰するような盗みや略奪を禁じておられるのみならず、暴力によって、または不正な重り、物差し、升、商品、貨幣、利息のような合法的な見せかけによって、あるいは神に禁じられている何らかの手段によって、わたしたちが自分の隣人の財産を自らのものにしようとするあらゆる邪悪な行為また企てをも、盗みと呼ばれるのです」（申命二五13－16他も参照）。このような不正がはびこる所には、必ず貧困が生まれます。多くの人々の生活の犠牲の上に、一部の力ある人々の富が築かれるからです。旧約聖書の預言者たちが、上記のような不正行為と貧しい人々の惨状をしばしば一緒に語るのはそのためです（アモス八4－6、ミカ六10－12等）。

隣人の生活を損なう「盗み」は、結局のところ自己愛の一つの変形にすぎません。自分さえ良ければ他人の生活がどうなろうとかまわないという自己中心性の現れです。さらに『信仰問答』は「あらゆる貪欲や神の賜物の不必要な浪費」もまた盗みであると指摘します。何であれ、神から託された賜物を必要以上に欲したり浪費したりすることは、神のものを盗むことと同罪だということです。この世界に満ちる物すべては主のものです（詩編二四1）。わたしたちは何も持たずに生まれ何も持たずに去っていく者なのですから（Iテモテ六7、ヨブ一21）、この世の富に執着してはいけません。むしろ神から委ねられているもので満足し、それを忠実に用いる者となりましょう（ヘブライ一三5、Iテモテ六17－18）。

隣人に対しては、どのような生き方を第八戒は求めているのでしょう。「わたしが、自分になしうる限り、わたしの隣人の利益を促進し、わたしが人にしてもらいたいと思うことをその人に対しても行い、わたしが誠実に働いて、困窮の中にいる貧しい人々を助けること」だと、『信仰問答』は答えます。それは一言で言って、与える生活です。自分ではなく、相手を豊かにすることで、お互いが豊かになる道です。それはたんなる物質的豊かさではない、愛に基づく豊かさと言えるでしょう。そして、そのような生活の模範を、わたしたちは主イエスに見るのです。

主イエスは二人の強盗と一緒に十字架にかけられました（マルコ一五27）。その事実が象徴しているように、イエスの御生涯は最後の最後まで与え尽くす生涯でした。神から盗んでいるようなわたしたち罪人のために御自分のすべてを与え尽くすことで、わたしたちを豊かにしてくださったからです（Ⅱコリント八9）。それゆえ、このキリストの福音に生きる者もまた、大いなる感謝と喜びから、人に惜しみなく施す者となりたいものです（Ⅱコリント八2）。主イエス・キリストにまさる宝は無いのですから（フィリピ三8）。

わたしたちは、特に「困窮の中にいる貧しい人々」を心に留めましょう。彼らもまた神の子らです。主イエスも自らを貧しい人々と同一視されました（マタイ二五35－40）。わたしたちが誠実に働いて正当な収入を得（エフェソ四28）、その賜物を用いて互いに助け合い、とりわけ貧しい人々の生活と尊厳が回復されていく時に、わたしたちの主の栄光は現されます（イザヤ五八6－8）。

問112　第九戒では、何が求められていますか。

答　わたしが誰に対しても偽りの証言をせず、

誰の言葉をも曲げず、陰口や中傷をする者にならず、

誰かを調べもせずに軽率に断罪するようなことに

手を貸さないこと。

かえって、あらゆる嘘やごまかしを、

悪魔の業そのものとして
神の激しい御怒りのゆえに遠ざけ、
裁判やその他のあらゆる取引においては真理を愛し、
正直に語りまた告白すること。
さらにまた、わたしの隣人の栄誉と威信とを
わたしの力の限り守り促進する、ということです。

十戒の第九の戒めは、人の名誉または信用に関わる戒めです。これまで学んできたように、人の命や性また生活を守ることは、いずれも聖書が教える隣人愛の大切な要素です。これらに加えて十戒は、一人一人の名誉や信用もまた人間にとっての大切な尊厳としているのです。

「隣人について偽証してはならない」という第九戒は、直接的には、公的・私的に真偽をただす裁判の場面を念頭に置いています。公的な裁判の場で証言する機会は滅多にないかもしれません。けれども日常生活の中で「証言」する機会は、今日でも結構あるのではないでしょうか。例えば、自分が関わった交通事故の現場で、あるいは家庭や教室や職場や隣近所でトラブルが起こった際に、なぜそうなったのか誰の責任なのかを明らかにしなければならない時です。その時に「隣人について偽証してはならない」また嘘をついてはならないと、第九戒は戒めています。

これは、思っているほど簡単なことではないと、経験した人ならわかるでしょう。人は皆、自分

の利益を守ろうとするからです。たとい悪意は無くとも、自分が不利益を被らぬように、また責任を逃れるために、本当のことを言わなかったり嘘をついたりすることがあるものです。

嘘をつくこと自体、すべてを御存知の神の前では大きな罪です（箴言一二22）。しかし、とりわけ第九戒が求めていることは、「わたしが誰に対しても偽りの証言をせず、誰の言葉をも曲げず、陰口や中傷をする者にならず、誰かを調べもせずに軽率に断罪するようなことに手を貸さないこと」です。意図的に相手を陥れようとすることは論外ですが、裁判の場では偽証によって被告が有罪となり死刑になることさえあります。誰かの嘘によって友達を失う、仲間外れになる、職場を追われる、地域で信用を失うということがあります。言葉とは恐ろしいものです。たった一言の嘘によって、ある人の一生を狂わせてしまうということが、現実に起こり得るからです。

ですから、そのような「あらゆる嘘やごまかしを、悪魔の業そのものとして神の激しい御怒りのゆえに遠ざけ」なくてはなりません。そのためには、自分が嘘を言わないこともさることながら、他人の言葉を軽率に信じないことも大切です。誰かの陰口や中傷に対しては、特にそうです。人間は自己中心ですから、しばしば自分にとって都合の良いようにしか語りません。それだけに他人に対する非難や中傷を鵜呑みにすることは危険です。少なくとも事柄の全部ではないということを肝に銘じるべきでしょう。他方で、人をほめる言葉は大抵の場合当たっているものです。自分を差しおいても相手を立てようとしているからです。

いずれにせよ、わたしたちは他人を裁くべき立場にはないことをまず心に留めましょう（マタイ七1、ルカ六37）。生きた者と死んだ者との審判者は、主イエス・キリストだけです（使徒一〇42）。わたしたちは、ただ然りを然り、否を否として、「裁判やその他のあらゆる取引においては真理を愛し、正直に語りまた告白すること」に努めましょう（エフェソ四25）。

それに勝るとも劣らずに大切な側面が、この戒めにはあります。わたしたちが「隣人の栄誉と威信とを……力の限り守り促進する」ということです。それは、ただ正直に語るということ以上に、互いに赦し合うこと、愛をもって語ることです。「皆心を一つに、同情し合い、兄弟を愛し、憐れみ深く、謙虚になりなさい。……侮辱をもって侮辱に報いてはなりません。かえって祝福を祈りなさい」（Ⅰペトロ三8－9）。

何一つ罪を犯したことのない、ただ一人わたしたち人間の罪を審判できるお方が、死刑に陥れようと企む人々の偽証にひたすら沈黙されました（マルコ一四55－61）。そして、「父よ、彼らをお赦しください」と、十字架の上からお語りになったのです（ルカ二三34）。

そうであるならば、わたしたちもまた、赦すために沈黙することを学びましょう。真実を大切にしながらも、他人を中傷することなく、かえって人を生かす言葉、人の名誉や信用を守る言葉、互いを高め合う言葉を用いようではありませんか。それこそが、主イエスの模範にならう道です。

問113　第十戒では、何が求められていますか。

答　神の戒めのどれか一つにでも逆らうような
　　ほんのささいな欲望や思いも、
　　もはや決してわたしたちの心に
　　入り込ませないようにするということ。
　かえって、わたしたちが、
　　あらゆる罪には心から絶えず敵対し、
　　あらゆる義を慕い求めるようになる、ということです。

全生活にわたる感謝の生活の指針として与えられた十戒の最後の戒めは、十戒全体を締め括る戒めになっています。

「隣人の家を欲してはならない。隣人の妻、男女の奴隷、牛、ろばなど隣人のものを一切欲してはならない」という第十戒は、一見、第八戒の「盗んではならない」と重複しているように思えるかもしれません。しかし、この戒めの特徴は冒頭の「欲してはならない」という言葉にあります。他の戒めではさまざまな行為が禁じられていますが、第十戒では心の中で起こる〝欲〟そのものが問題とされているからです。

何一つ不自由のないはずのエデンの園に置かれていながら人間が堕落したのは、欲に動かされた結果でした（創世三6）。「人はそれぞれ、自分自身の欲望に引かれ、唆されて、誘惑に陥るのです。

そして、欲望ははらんで罪を生み、罪が熟して死を生みます」（ヤコブ一14－15）とある通りです。

つまり、第十戒は、過ぎ去る世に対する欲望から神の子らを守り、御父への愛の内に留まらせようとする戒めだと言うことができましょう（Ⅰヨハネ二15－17）。これまで学んできた戒めで禁じられていた「悪意、殺意、姦淫、みだらな行い、盗み、偽証、悪口などは、心から出て来る」（マタイ一五19）のですから、「神の戒めのどれか一つにでも逆らうようなほんのささいな欲望や思いも、もはや決してわたしたちの心に入り込ませないようにするということ」が求められます。

わたしたちはいきなり殺すわけではありません。何の思いもなしに姦淫や盗みを働くわけでもありません。最初の「ほんのささいな欲望や思い」が、ちょうど坂を転げ落ちる雪玉のようにだんだんと大きく膨れ上がって、わたしたちを陥れるのです。それは、「神と自分の隣人を憎む方へと生まれつき心が傾いている」からにほかなりません（問5）。

ですから、ほんのささいな欲望をさえ「もはや決してわたしたちの心に入り込ませないようにする」と同時に、「あらゆる罪には心から絶えず敵対」するという決意が必要です。ふとした心の緩みから、罪はいくらでもわたしたちの心の中に忍び込んでくるからです。換言すれば、心の奥底まで御存知であられる神（詩編一三九23）の御前に、絶えずわたしたちの心の思いを置いて生きるということでしょう（詩編一九13）。

とはいえ、情けないほどに弱いわたしたちの心の隙間をどうすれば埋めることができるのでしょう。興味深いことに『信仰問答』は、わたしたちの心を別な思いで満たすように、すなわち「あらゆる義を慕い求めるように」と勧めています。原文では「慕い求める」と「欲望」とは同じ言葉です。つまり、わたしたちが〝無欲〟になることではなく、むしろ神の国と神の義を欲する心で一杯にすることこそ肝要だというわけです（マタイ六33）。全人格が罪に傾いているならば、その傾きそのものを今度は神の方へと転換することです。そして、神からいただいたわたしたちの心を「すべて真実なこと、すべて気高いこと、すべて正しいこと、すべて清いこと、すべて愛すべきこと、すべて名誉なこと、また、徳や称賛に値すること」で一杯にすることです（フィリピ四8）。

「どんなことにも感謝しなさい」とパウロは命じています（Iテサロニケ五18）。〝感謝した方がいいよ〟という勧めではなく「感謝しなさい」という命令です。わたしたちの心は、放っておけば、たちまち不平不満や思い煩いで一杯になってぶつぶつと文句を言い始めることでしょう。ですから、そうしたわたしたちの心に手綱をかけて、無理にでも感謝の心へと向きを変えることが必要だということです。実際、キリストにあるわたしたちの身の回りには、あふれんばかりの神の恵みが満ちているはずです。何より主イエス・キリストという計り知れない富をいただいているではありませんか。感謝すべきことは、山のようにあります。

世にあるものは過ぎ去っていきます（Iヨハネ二17）。この世の命もまた束の間です。そのように短い生涯を感謝の思いで満たして送ることができたなら、どんなにすばらしいことでしょう。十戒は、わたしたちが全生活をあげて「感謝」に生きるための指針なのでした。それらの戒めに導かれながら、わたしたちの幸いのために神が指し示しておられる道を共に歩んでまいりましょう。

問114　それでは、神へと立ち返った人たちは、
このような戒めを完全に守ることができるのですか。

答　いいえ。
それどころか最も聖なる人々でさえ、
この世にある間は、
この服従をわずかばかり始めたにすぎません。
とは言え、その人たちは、真剣な決意をもって、
神の戒めのあるものだけではなくそのすべてに従って、
現に生き始めているのです。

問115　この世においては、だれも十戒を守ることができないのに、
なぜ神はそれほどまで厳しく、
わたしたちにそれらを説教させようとなさるのですか。

答　第一に、わたしたちが、全生涯にわたって、
わたしたちの罪深い性質を次第次第により深く知り、
それだけより熱心に、

キリストにある罪の赦しと義とを
求めるようになるためです。
第二に、わたしたちが絶えず励み、
神に聖霊の恵みを請うようになり、
そうしてわたしたちがこの生涯の後に、
完成という目標に達する時まで、
次第次第に、いよいよ神のかたちへと
新しくされてゆくためです。

自分の罪の悲惨から、いかなる行いにもよらず、ただ恵みによりキリストを通して救われた者が、なぜ「善い行い」に励むのか。その第一の理由は、キリストが聖霊によってわたしたちを御自身のかたちへと生まれ変わらせてくださるから。第二は、神の救いの恵みに対してわたしたちが全生活にわたる感謝を表すためでした（問86）。「善い行い」の指針としての十戒の学びを締め括るにあたって、『信仰問答』は再びこれらの出発点を違った角度から想起させようとしています。

これまで一つ一つ詳しく学んできた戒めに表された神の御心を「神へと立ち返った人たちは……完全に守ることができるのですか」と、『信仰問答』はまず問いかけています。それは、聖人のようになれるかもという期待からでしょうか。それとも、どうせ守れるはずなどないという諦めからでしょうか。『信仰問答』は、そのどちらも否定します。

第一に、「最も聖なる人々でさえ、この世にある間は、この服従をわずかばかり始めたにすぎません」。神の基準と人間の基準を同列に考えてはなりません。たとい人間的には「完全」に見えたとしても、人の業など神の基準に遠く及ばないことを忘れないようにしましょう。実際、聖なる人であればあるほど、神の御前に自分の罪深さをいっそう深く自覚し、自らの最善の業に対してさえ「わたしどもは取るに足りない僕です。しなければならないことをしただけです」と告白することでしょう（ルカ一七10）。

他方で、どうせ守れるはずなどないという悲観論にも『信仰問答』は反対します。「神へと立ち返った人たち」とは回心をした人たち、人生の方向転換をした人々です。回心をしても罪から逃られるわけではありません。依然としてぼろぼろの歩みかもしれない。それにもかかわらず、「その人たちは、真剣な決意をもって、神の戒めのあるものだけではなくそのすべてに従って、現に生き始めているのです」。どれほどの決意なのか、またどれほどの進歩を示すかは、人によって違うでしょう。しかし、感謝と献身の思いをもって人生の全体を主イエスに向けて生き始める。この事実を過小評価してはいけません。これこそが、キリストが約束してくださった聖霊による御業だからです（問1）。

とはいえ、この世において誰も完全に守ることができない神の掟の説教などより、もっと慰めに満ちた話だけで十分ではないかという声が、どこからか聞こえてきそうです。確かに福音の説教はわたしたちの命です（問84）。それでもなお、神の戒めの説教が為されることは必要であると『信仰問答』は答えます。

「第一に、わたしたちが、全生涯にわたって、わたしたちの罪深い性質を次第次第により深く知り、それだけより熱心に、キリストにある罪の赦しと義とを求めるようになるためです」。神の恵みの認識は、自己の罪認識と直結しています。自分の罪意識がぼやけてくると、神の恵みもわからなくなるものです。そのためにも神の基準を明確に示され続けることによって、自分の罪深さを思い知らされ（ローマ七7、24、Iヨハネ一8、10）、絶えず謙遜にさせられることが必要です。そのようにして、わたしたちは神の絶大な憐れみをよりよく実感し、キリストの救いをこれまで以上に熱心に求めるようになるでしょう。

つまり、神の戒めの説教は、信仰者の成長のために必要だということです。それは、「わたしたちがこの生涯の後に、完成という目標に達する時まで、次第次第に、いよいよ神のかたちへと新しくされてゆくため」のものです。十戒は、いわば神の家の家訓なのです。ふさわしくないわたしたちでも、親から絶えず諭され、御子イエス（ローマ八29）のまねをしているうちに「聖霊の恵み」によって神の子どもらしく整えられている自分に気づくことでしょう（問1）。

「わたしは……既に完全な者となっているわけではありません。何とかして捕らえようと努めているのです」とパウロでさえも言いました。大切なことは、「後ろのものを忘れ、前のものに全身を向けつつ……、目標を目指してひたすら走ることです」（フィリピ三12以下）。この生涯の後に、

祈りについて

問116　なぜキリスト者には祈りが必要なのですか。

答　なぜなら、祈りは、
　神がわたしたちにお求めになる感謝の
　最も重要な部分だからです。
また、神が御自分の恵みと聖霊とを与えようとなさるのは、
　心からの呻きをもって
　絶えずそれらをこの方に請い求め、
　それらに対して
　この方に感謝する人々に対してだけ、だからです。

『ハイデルベルク信仰問答』という、この小さい書物の学びも最後の部分になりました。あらゆる罪と「悲惨」からわたしを一方的な恵みによって救ってくださった、その神の「救い」に対して

全生活を通して表すわたしたちの「感謝」の指針が十戒でした。そして、その「感謝」の生活で最も重要な部分と言われるのが〝祈り〟についての教えです。

『信仰問答』は「なぜキリスト者には祈りが必要なのですか」という問いから始めます。〝祈りとは何か〟ではなく祈りの必要性を問う。これは大変ユニークな問いだと思います。実際、信徒の方から「神様がすべてを御存知なら、なぜ祈らなければならないのですか」と尋ねられることがあります。ひょっとすると『信仰問答』の著者たちも、同じような質問を教会で受けていたのかもしれません。

当時のヨーロッパで、信徒が自分の言葉で自由に祈ることはまずありませんでした。礼拝での祈りはラテン語の祈禱文で、信徒が自分で祈るとしても「アヴェ・マリア」や「主の祈り」を同じくラテン語で（呪文のように！）唱えるだけだったことでしょう。ですから、自分の口で自由に祈ることなど思いもよらなかったに違いありません。

それだけに、「祈りは、神がわたしたちにお求めになる感謝の最も重要な部分」だという答えには驚かされます。祈りの必要性や効用については、別の説明の仕方もあるでしょう。けれども『信仰問答』は、祈りを何よりもまず「神がわたしたちにお求めになる」ことだと言い、しかも「感謝の最も重要な部分」だと述べるからです。つまり、神に対するわたしたちの感謝の生活は、祈りを抜きにして考えることができないと言うわけです。

わたしたちは先に、神への感謝の生活で大切なことは十戒を完全に守ることができるかどうかよりも感謝の「心」だと学びましたが、実は祈りも同じことです。神の救いは一方的かつ無条件の恵みですから、救われるためにわたしたちがしなければならないことは、何一つありません。その代わり、神がわたしたちからお求めになることは感謝の言葉、すなわち〝ありがとう〟の一言（＝祈り）だということです。〝ただ恵みのみ〟の救いに対する最もふさわしい応答は〝ただ感謝のみ〟なのです。

『信仰問答』はさらに、「神が御自分の恵みと聖霊とを与えようとなさるのは、心からの呻きをもって絶えずそれらをこの方に請い求め、それらに対してこの方に感謝する人々に対してだけ」だとも述べています。「心からの呻き」とは、「涸れた谷に鹿が水を求めるように」と詩人が表現したような、神に対する渇いた魂の切なる求めのことです（詩編四二2、ローマ八26も参照）。

子どもが必死に叫び求めている願いを、親が無視することはありません。親には親の事情がありますから、その時すぐに応えられるかどうかはわかりません。また、すぐに応えない方が良い場合もあるでしょう。けれども、無視することなどありえません。まして親からのプレゼントにいつも大喜びをする子なら、なおさらその子を喜ばせてあげようと考えることでしょう。

「求めなさい。そうすれば、与えられる。探しなさい。そうすれば、見つかる。門をたたきなさい。そうすれば、開かれる」と主イエスは強く勧めておられます（マタイ七7）。「得られないのは、願い求めないから」（ヤコブ四2）、「絶えず祈りなさい。どんなことにも感謝しなさい」（Ⅰテサロニケ五17－18）等々、とりわけ新約聖書には祈りを勧める言葉が満ちています。なぜなら、主イエス・キリストによって、今や神がわたしたちの父となってくださったからです（ガラテヤ四6－7）。この天の父は、子どもたちからの願いを心待ちにしておられる方です。その富は無尽蔵です。わたしたちの救いのために御子イエスをくださったばかりでなく、御自身の聖霊さえもくださろうと言うのですから（ルカ一一13）。わたしたちは「時宜にかなった助けをいただくために、大胆に恵みの座に近づこうではありませんか」（ヘブライ四16）。そのような祈りの生活を通して、いっそう深い神の恵みを味わい、感謝と喜びの生活を歩んでまいりましょう。

問117　神に喜ばれ、この方に聞いていただけるような祈りには、何が求められますか。

答　第一に、御自身を御言葉においてわたしたちに啓示された唯一のまことの神に対してのみ、この方がわたしたちに求めるようにとお命じになったすべての事柄を、わたしたちが心から請い求める、ということ。

第二に、わたしたちが自分の乏しさと悲惨さとを深く悟り、この方の威厳の前にへりくだる、ということ。

第三に、わたしたちがそれに値しないにもかかわらず、
ただ主キリストのゆえに、
この方がわたしたちの祈りを
確かに聞き入れてくださるという、
揺るがない確信を持つことです。
それは、神が御言葉において
わたしたちに約束なさったとおりです。

問116で、〝祈りとは何か〟を問うよりも〝なぜ祈るのか〟と問いかけた『信仰問答』は、ここでもユニークな問いかけをしています。たんなる祈りの方法ではなく、「神に喜ばれ、この方に聞いていただけるような祈り」には何が求められるかを問うからです。聞かれるかどうかわからない宝くじのような祈りではなく、神様に喜ばれ確かに聞いていただける祈りには何が必要かという、祈りの姿勢を教えています。

その問いかけに対し『信仰問答』は三つの答えを挙げていますが、それぞれの答えを理解するために、やはり祈りとは何かをまず確認しておくことが必要です。一言で言えば、祈りとは神との対話です。少なくとも聖書の信仰における祈りとは、対話であって〝独り言〟ではありません。例えば、神社に行って柏手を打って願い事をする。これは、ある意味で独り言の祈りです。神につい

て具体的なイメージがあるわけではない。どこに向かって祈っているのかもわからない。とにかく、自分の願いを聞いてもらおうと思って一方的に語っているだけです。

しかしながら、聖書の神に対する祈りは対話です。祈りを捧げる相手がはっきりしている。しかも、その神は人格を持っておられる。つまり、心を持っておられるということです。そして、神はその心をまずわたしたちにお示しになりました。それが聖書に記された神の御言葉です。聖書の中で神の心を知るようにと何度も言われるのはそのためです（ローマ一二2、エフェソ五17他）。ですから、キリスト者の祈りとは「御自身を御言葉においてわたしたちに啓示された唯一のまことの神」に対する人格的な応答なのです。

したがって、このような神に喜ばれる祈りに必要な第一のことは、「この方がわたしたちに求めるようにとお命じになったすべての事柄を、わたしたちが心から請い求める、ということ」です。どんなに激しい祈りでも、この神から求めようとしない祈り（ホセア七14）、また自分勝手でわがままな動機に基づく祈りは聞かれません（ヤコブ四3）。しかし、この方の心を知って真剣に語りかけるわたしたちの祈りを、この方もまた真剣に受け止めてくださる。これがわたしたちの確信です（Ⅰヨハネ五14）。

換言すれば、神との人格的な対話である祈りは、神との関係の中で学びつつ成長していくものだということです。ちょうど幼児が親におねだりするように、信仰者の祈りも初めは願い事ばかりの祈りかもしれません。けれども、子どもが大きくなるにつれ、親が何を考えているか、どのような願いなら聞き入れられまた聞き入れられないかを理解するように、信仰者もまた神についての理解が深まるにつれ、この神に対して何を祈るべきか祈るべきでないかがわかるようになってきます。信仰の成長と祈りの成長は、一つのことです。

第二に、わたしたちが祈りを捧げるお方を知れば知るほど「自分の乏しさと悲惨さとを深く悟り、この方の威厳の前にへりくだる、ということ」です。罪を犯していながら、何食わぬ顔で祈りを捧げるようなことをしてはなりません（コヘレト四17、イザヤ一15）。神が求めるいけにえは、自らの愚かさと罪を心から嘆いてへりくだる心なのですから（詩編五一19、ルカ一八9－14）。

それにもかかわらず、第三に、わたしたちが「ただ主キリストのゆえに、この方がわたしたちの祈りを確かに聞き入れてくださるという、揺るがない確信」をもって大胆に祈ることを、神は求めておられます。こんなわたしの祈りなど聞いていただけないだろうと、罪深い自分に絶望することがあるかもしれません。しかし、そのような時こそ主イエスの御姿を心に留めましょう。この方がその地上での御生涯で、弱く罪深い人々をどれほど憐れんで、その小さな声に耳を傾けてくださったことか。

「はっきり言っておく。あなたがたがわたしの名によって何かを父に願うならば、父はお与えになる」（ヨハネ一六23）と、主イエスは言われました。そして、実に、このように約束してくださった方御自身が、今や天の御父の右におられるのです。主イエス・キリストこそ、神とわたしたちとの心が通う対話を可能にされた方です。どうしてわたしたちの祈りが聞かれないことがありましょうか！

問118　神はわたしたちに、
何を求めるようにとお命じになりましたか。

答　霊的また肉体的に必要なすべてのことです。
主キリストは、わたしたちに自ら教えられた祈りの中に、
それをまとめておられます。

問119　主の祈りとはどのようなものですか。

答　天にましますわれらの父よ。
ねがわくはみ名をあがめさせたまえ。
み国を来たらせたまえ。
みこころの天になるごとく、地にもなさせたまえ。
われらの日用の糧を今日も与えたまえ。
われらに罪をおかす者をわれらがゆるすごとく、
われらの罪をもゆるしたまえ。
われらをこころみにあわせず、悪より救い出したまえ。

（国とちからと栄えとは、
限りなくなんじのものなればなり。アーメン。）

わたしたちの神は、ボタンを押せば選んだ品を与えてくれる自動販売機ではありません。本来、祈り願う資格などない罪人であったわたしたちを、キリストの贖いのゆえに御自分の子どもとして受け入れてくださり、祈るようにと促してくださる方です。ですから、「神に喜ばれ、この方に聞いていただけるような祈り」（問117）に必要なことは、神がわたしたちに「何を求めるようにとお命じに」なっているかを知ることです。

この問いに対し、『信仰問答』は実に簡潔に答えています。それは「霊的また肉体的に必要なすべてのことです」と。霊的必要とは、わたしたちの魂に関わること。別に言えば、神との関係において必要なことです。肉体的な必要とは、わたしたちが地上を生きていく際に必要なことであり、要するに、わたしたちの魂と体に必要なすべてを求めなさいというのです。

わたしたちの「体と魂」を造ってくださった天の御父は、今やイエス・キリストのものとされたわたしたちの「体と魂」に必要なこと一切を満たしてくださる方でもあります（問1、26）。もし信仰者は信仰に関わることだけを求めねばならないと命じられたなら、何とわたしたちの祈りは苦しく味気ないものとなっていたことでしょう。しかし、わたしたちの御父は、何であれわたしたちの必要を祈るようにと励ましてくださる愛と慈しみに満ちた方です。わたしたちもまた、喜びと平安をもって、この方にすべてを祈り求めましょう。およそすべての良きものは「上から、光の源である御父から」来るからです（ヤコブ一17）。

その際、大切なことは、何であれわたしたちが欲することを祈るのではなく「必要」を祈るということです。祈りは、わたしたち人間の欲望を増大させる手段ではなく、わたしたちが御父との関係において豊かにされ、神の子どもとして成長していくための手段だからです。とはいえ、自分が欲しいものは山ほどあっても、自分の体や魂にとって何が本当に「必要」なのかは自分でもよくわからないのではないでしょうか。そこで、わたしたちはまず神の言葉に聞かねばなりません。わたしたち人間が求めるべきことは何であるかを聖書は教えているからです。

その意味では、聖書全体が祈りの教科書であると言うことができます。実際、旧約聖書の詩編は全編が祈りになっています。また、たとい祈りそのものではないとしても、聖書に描かれる神と人間との関係そのものが、わたしたち人間にとって何が必要なのかを教えています。けれども、感謝なことに、ちょうど十戒が神の律法全体を要約しているように、聖書に教えられているわたしたちの霊的・肉体的必要一切を「主キリストは、わたしたちに自ら教えられた祈りの中に」まとめてくださいました。それが「主の祈り」と呼ばれる祈りです。

「主の祈り」はルカによる福音書（一一章）とマタイによる福音書（六章）の二か所に記されていますが、両者を合わせたような形に、最後の「国とちからと栄えとは、限りなくなんじのものなればなり。アーメン」を加えたものをキリスト教会は使い続けてきました。古代教会ではキリスト者が日に三度この祈りを唱えるという習慣があったようですが、教会でも個人でもこの祈りを日々用いることは有益です。何より主イエス御自身が〝このように祈りなさい〟とお命じになった祈りですし、キリストの教会はいつの時代でもこの祈りによって力を与えられてきたからです。とはいえ、これを呪文のように用いる必要はありません。「主の祈り」は祈りのモデルであり基本ですが、言葉そのものよりもそこで祈られている精神が大切だからです。

十の戒めが神との関係と隣人との関係についての戒めに分けられたように（問93）、六つの願いからなる「主の祈り」もまた、神に対する霊的姿勢を整える三つの祈りと地上の生活に関わる三つの祈りに分けることができます。実際、この二つの間をわたしたちの生活は行ったり来たりしているのではないでしょうか。

いつも地上のことばかりに偏りがちなわたしたちの心は、天へと高く上げられる必要があります。けれども、天上ばかりを見上げて生きていくことはできません。むしろ天上と地上を包んでくださる神の御手にすべてを委ねる信仰へとわたしたちを導く祈り、それが「主の祈り」なのです。

問120　なぜキリストはわたしたちに、
神に対して「われらの父よ」と呼びかけるように
お命じになったのですか。

答　この方は、わたしたちの祈りのまさに冒頭において、
わたしたちの祈りの土台となるべき、
神に対する子どものような畏れと信頼とを、
わたしたちに思い起こさせようとなさったからです。
言い換えれば、神がキリストを通して
わたしたちの父となられ、
わたしたちの父親たちが
わたしたちに地上のものを拒まないように、
ましてや神は、
わたしたちが信仰によってこの方に求めるものを
拒もうとなさらない、ということです。

問121　なぜ「天にましまず」と付け加えられているのですか。

答　わたしたちが、神の天上の威厳については
何か地上のことを思うことなく、
その全能の御性質に対しては
体と魂に必要なことすべてを期待するためです。

主イエスがお教えになった祈りの手本である「主の祈り」の冒頭の言葉は、原文では日本語の語順と違って「われらの父よ」です。もっと正確に言えば、「父よ、われらの」となっていて、「父よ」という呼びかけの言葉から祈り始めるのです。『信仰問答』に教えられているとおり、「わたしたちの祈りのまさに冒頭において、わたしたちの祈りの土台となるべき神に対する子どものような畏れと信頼とを、わたしたちに思い起こさせようと」しているわけです。

乳飲み子が唇を合わせて最初に発声する言葉を――パパであれママであれ――親の呼び名にする例は数多くあります。イエスの時代のヘブライ(アラム)語における「アッバ=父」という言葉も同様です。幼子が「アッバ」と父親に呼びかけるように神に呼びかけなさいと、イエスはお教えになりました。

つまり、イエスが教えられる祈りとは、何か型通りの言葉を呪文のように唱えることではなく、「子どものような畏れと信頼」とをもって天の御父に語りかける人格的対話です。その場合の「畏れ」とは、恐怖ではなく御父への畏敬の念であり(マラキ一6)、「信頼」とは小さなわたしの声にも必ず耳を傾けて裏切ることはないという御父の愛と慈しみの確信です。そのような親子の間にある絶対的信頼関係がわたしたちの「祈りの土台」であり、それを祈りの冒頭において思い起こさせようとしておられるということです。

このような親しい神への呼びかけは、他に例を見ないものでした。通常のユダヤ人の祈りでは、長い修飾語の後に〝神よ〟と続くのが一般的だったからです。ところが、神の御子であられたイエスが御父に対して「アッバ、父よ」と呼びかけておられたように（マルコ一四36）、キリスト者もまた、「神がキリストを通してわたしたちの父となられ」たがゆえに「アッバ＝父ちゃん」と呼びかけなさいという、驚くべき特権を表す言葉なのです（ガラテヤ四6、ローマ八15）。

そして、ちょうど「わたしたちの父親たちがわたしたちに地上のものを拒まないように、まして神は、わたしたちが信仰によってこの方に求めるものを拒もうと」なさいません（マタイ七9－11）。ラテン語版では単純に「親たち」となっています。父親であろうと母親であろうと（それがたとい悪い者であったとしても）我が子には良い物を与えるならば、ましてわたしたちが信頼をもって求めるものを天の御父が拒まれるはずがない。キリスト者の祈りとは、徹頭徹尾、そのような神との絶対的な信頼関係に基づくものです。

他方で、しかし、地上の親のイメージで神を理解しようとすることには限界があります。キリストにあって「わたしたちの父」となってくださった方は、同時に「天」におられる父だからです。したがって、「天にましますわれらの父よ」と呼びかける時には、「神の天上の威厳については何か地上のことを思うことなく、その全能の御性質に対しては体と魂に必要なことすべてを期待する」ことが大切です。わたしたちの御父は、天をも地をも満たしている（エレミヤ二三24）、天を王座とする（詩編一一4）、天地の主です（使徒一七24）。この方といったい誰を比べることができましょう（詩編八九7）。

そのようなお方が、御子キリストのゆえにわたしたちの神また父でもあることの恵みを、わたしたちはすでに「父なる神を信ず」という使徒信条の解説で学びました。「わたしはこの方により頼んでいますので、この方が体と魂に必要なものすべてをわたしに備えてくださること、また、たとえこの涙の谷間へいかなる災いを下されたとしても、それらをわたしのためにに益としてくださることを、信じて疑わないのです。なぜなら、この方は、全能の神としてそのことがおできになるばかりか、真実な父としてそれを望んでもおられるからです」（問26）と。

すなわち、わたしたちの祈りとは、そのような父なる神への語りかけにほかならないということです。わたしたちは、信じている方に対して、信じていることを祈るのです。信仰と祈禱とは表裏一体です。とりわけ、キリスト者の祈りにとって大切なことは、知恵ある言葉や雄弁さではなく、幼子のように御父を慕い信頼する心（ルカ一〇21）であることを肝に銘じましょう。

問122 第一の願いは何ですか。

答 「み名をあがめさせたまえ」です。

すなわち、

第一に、わたしたちが、あなたを正しく知り、

あなたの全能、知恵、善、正義、

慈愛、真理を照らし出す、そのすべての御業において、

あなたを聖なるお方とし、あがめ、
賛美できるようにさせてください、ということ。
第二に、わたしたちが自分の生活のすべて、
すなわち、その思いと言葉と行いを正して、
あなたの御名がわたしたちのゆえに汚されることなく、
かえってあがめられ賛美されるようにしてください、
ということです。

主イエス・キリストが祈りのモデルとしてお教えになった「主の祈り」には、六つの願いがあります。今回は、その第一の願い「み名をあがめさせたまえ」についてです。

神の名とは、十戒の第三戒（あなたの神、主の名をみだりに唱えてはならない）で詳しく学んだように、たんなる名前のことだけでなく、神に関わるすべてのことが含まれています（問99）。ですから、「み名をあがめさせたまえ」とは、〝神があがめられますように／神の栄光が現されますように〟と祈ることと同じです。

注意したいのは、神の名が知られていないので、もっと知られるように祈りなさいということではありません。わたしたちが祈ろうが祈るまいが、神の御名は力強く全地に満ち（詩編八2）、天は神の栄光を物語っているからです（詩編一九2）。神の御名も栄光も鮮やかに現されているにもか

かわらず、「わたしたち」人間が、あがめていないのです。ですから、第一の願いは、神をあがめることができなくなってしまったわたしたちが、「自らの造り主なる神をただしく知り、心から愛し、永遠の幸いのうちを神と共に生き、そうして神をほめ歌い賛美する」（問6）という創造の目的に立ち返って、再創造されるための願いと言ってよいでしょう。

実際『信仰問答』は、この願いを次のように言い換えています。「第一に、わたしたちが、あなたを正しく知り、あなたの全能、知恵、善、正義、慈愛、真理を照らし出す、そのすべての御業において、あなたを聖なるお方とし、あがめ、賛美できるようにさせてください、ということ」だと。神を「正しく知る」とは、わたしたちが自分勝手に神について考えるのではなく、何よりもまず神の自己啓示である聖書によって神を正しく知ることです。そうして、次に、あらゆる御業に照らし出された神の「全能、知恵、善、正義、慈愛、真理」を正しく認識することです。

ちょうど芸術家の才能の発露である作品を人々が愛でて称賛するように、この世界やわたしたちの周りに現された驚くべき神の御業の数々をわたしたちが正しく認識したならば、神を賛美せずにはおれないでしょう。聖書には、そのような賛美の歌がたくさんあります（詩編一四五1以下、エレミヤ三二16以下、ルカ一46以下、68節以下等）。

宗教改革者のカルヴァンが『ジュネーヴ教会信仰問答』で、人生の主な目的は神を知ることであるが、真のただしい知識とは「神をあがめる目的で神を知る時である」と書いているとおりです（問1、6）。つまり、神を知るとはたんなる知識ではなく、生ける神を人格的に知ることなのです。

そのような神知識は、必ずやわたしたちを神への賛美と礼拝に導くはずですし、今度はわたしたち自身が神の栄光を照らし出すためにどうすればよいのかを考えさせることでしょう。

それで『信仰問答』は、「第二に、わたしたちが自分の生活のすべて、すなわち、その思いと言葉と行いを正して、あなたの御名がわたしたちのゆえに汚されることなく、かえってあがめられ賛美されるようにしてください」と加えています。「父よ」と呼びかける「主の祈り」は、神の子どもたちの祈りです。良くも悪しくも子どもの言動によって親が評価されるように、わたしたち神の子どもたちの言動によって人々は神を評価するとも限りません。もちろん、罪にまみれているわたしたちの言動が神の評判を高められるはずもなく、かえってこれを汚してしまう日々の現実をわたしたちは嘆くばかりです。にもかかわらず、わたしたちは願うのです。日々祈るのです。わたしたちの生活のすべてを通して神があがめられますように（マタイ五16）、食べるにも飲むにも何をするにもただ神の栄光が現されますように（Ⅰコリント一〇31）、そして、そのようにわたしたち自身が変えられていきますように、と。

神を知ることは、神を愛することです。神を賛美することは、わたしたちの喜びです。わたしたちが心を天に上げて祈るたびに、このことを思い起こしましょう。そうして、この祈りを生涯続けて、やがて主の御許へと迎えられる日に、わたしたちは愛する御父の御名を永遠に賛美する者へと変えられていることでありましょう。

問123　第二の願いは何ですか。

答　「み国を来らせたまえ」です。

すなわち、

あなたがすべてのすべてとなられる御国の完成に至るまで、

　わたしたちがいよいよあなたにお従いできますよう、

あなたの御言葉と御霊とによって

　わたしたちを治めてください、

あなたの教会を保ち進展させてください、

あなたに逆らい立つ悪魔の業やあらゆる力、

　あなたの聖なる御言葉に反して考え出される

すべての邪悪な企てを滅ぼしてください、

ということです。

「主の祈り」の二つ目の願いは「み国を来らせたまえ」です。ここでの「み国」とは特定の場所や領域のことではなく、神の〝支配〟や〝統治〟という意味です。ですから、この祈りは、どこか天の彼方にある神の国が来ますようにという祈りではなく、この世における神の支配の実現と完成を願う祈りです。

神の創造と摂理による統治（問26－27）は今も変わることがありませんが、堕落した世界を神が今なお保っておられるのはただ人間の救いのためであるように、わたしたちが祈り求める御国の到来とはキリストによる神の救いの実現と完成のことです。この神の国の実現は、わたしたち罪人の努力によってもたらされるものではなく、ただ神の一方的な恩寵によるものです。だからこそ、わたしたちは天を仰いでひたすらに祈り願うのです。『信仰問答』は、この神の支配が三つの場において実現するようにと、祈りの言葉を言い換えています。

第一は、わたしたちの日常生活です。「わたしたちがいよいよあなたにお従いできますよう、あなたの御言葉と御霊とによってわたしたちを治めてください」。勝手気ままに生きているわたしたちが、自分の思いや欲望を優先させるのでなく、「まず神の国と神の義を求めなさい」と仰せになった主イエスの優先順位に生活を改め（マタイ六33）、自己中心から神中心になるように、絶えず御言葉によって導き御霊によって頑なな心を柔らかにしてください、と祈るのです。その時、わたしの生活の場も〝神の国〟へと変わるでしょう。わたしが王として自分の人生を支配するのでなく、神がわたしの王となってくださるからです。

第二に、教会もまた教会らしくならねばなりません。教会こそまさにキリストが支配なさる場であって、人間が支配する場所ではないからです。主の御言葉が説教され、礼典が執り行われ、主の御名が高らかに賛美され、熱心な祈りが捧げられる公的礼拝こそ、神の国の最も鮮やかな現れであり、天国の前味です。それゆえ、この世のさまざまな妨げや迫害にもかかわらず、わたしたちは願います。主イエス・キリストが中心であるような「あなたの教会を保ち進展させてください」と。

第三に、この願いは、わたしたちの世界そのものが神の国に変えられていくことを願うものです。「あなたに逆らい立つ悪魔の業やあらゆる力、あなたの聖なる御言葉に反して考え出されるすべての邪悪な企てを滅ぼしてください」。神によって創造された世界が「極めて良い」状態に保たれること（創世一31）。神に似せて造られたすべての人が尊ばれ、互いに愛し合い、永遠の幸いのうちを神と共に生きること。それが神の御旨です（問６）。それゆえ、この被造世界をむさぼったり（ローマ八22）、人の尊厳をないがしろにしたり、特に弱い立場の人々を金や権力によって抑圧したりする「すべての邪悪な企て」は、神の御旨に逆らう悪魔的な業と言わざるを得ません。

このような悪魔の働きを滅ぼすために、神の御子はこの世に来られました（Ⅰヨハネ三8）。しかし、主イエスの御国は、この世のものではありません（ヨハネ一六36）。それは恐怖と暴力による支配ではなく、愛と恵みの支配であり、正義と平和と喜びをもたらすものです（ローマ一四17）。ですから、わたしたちの戦いの武器もまたこの世のものではなく「神の武具」でなければなりません（エフェソ六10－18）。その中心は、人々に真の喜びをもたらす平和の福音であり、絶えざる祈りです。

神が「すべてのすべてとなられる御国の完成に至るまで」（Ⅰコリント一五28）、未だ多くの戦いが教会にもわたしたち自身にもあり（問32）、この世の悲惨と苦しみは止むことがありません。それにもかかわらず、わたしたちは希望を捨てずに、忍耐強く祈り続けましょう。暗闇に光を、恐れのある所に平安を、悲しみのある所に喜びをもたらす、キリストの愛の御支配の実現と完成のために。「あなたがたには世で苦難がある。しかし、勇気を出しなさい。わたしは既に世に勝っている」と、この世の真の王である方が仰せになったからです（ヨハネ一六33）。

問124　第三の願いは何ですか。

答　「みこころの天になるごとく、地にもなさせたまえ」です。

すなわち、
わたしたちやすべての人々が、
　自分自身の思いを捨て去り、
唯一正しいあなたの御心に、
何一つ言い逆らうことなく
聞き従えるようにしてください、
そして、一人一人が自分の務めと召命とを、
　天の御使いのように
喜んで忠実に果たせるようにしてください、

ということです。

「主の祈り」の三つ目の願いは、「みこころの天になるごとく、地にもなさせたまえ」です。第一の願いは、神の御名がわたしたちを通して崇められますように。第二の願いは、わたしたちの生活の場やこの世界に神の御支配が実現しますように、ということでした。第三の願いは、いわば、第一と第二の結論とも言うべきものです。

形だけ御名を崇めるとか、一方的に力によって神が支配するというのではなく、「わたしたちやすべての人々が、自分自身の思いを捨て去り、唯一正しいあなたの御心に、何一つ言い逆らうことなく聞き従えるように」なること。すなわち、わたしたちが自分の思いではなく、心の底から神の御心に聞き従えるようにしてください、という願いです。

神の御心に従うことは、形だけの礼拝にまさります。それは、旧約の預言者たちが繰り返し語った聖書の大切な教えです（一サムエル一五22、ホセア六6）。イエス御自身も、御父の御心を行う者だけが天の国に入るとおっしゃいました（マタイ七24）。実に、御心を行う人々こそ神の家族なのです（マルコ三35）。

では、わたしたちが聞き従うべき神の御心とは何でしょうか。「唯一正しい」と言われると何か独善的で権威主義的に思えるかもしれません。しかし、御言葉と主イエス・キリストを通して現された神の御心とは、驚くべきことに、神に従うどころか自分のことしか考えられない罪深い人間すべてが、キリストによってことごとく救われて永遠の命を得ることなのです（ヨハネ三16、六40、Ⅰテモテ二4参照）。したがって、第三の願いは、ちょうど放蕩息子が父のもとへと立ち返ったように、神に背き続けるわたしたちの頑なな心が柔らかにされ（問123参照）、わたしたちを愛してやまない御父への信頼が回復されることを願う祈りと言えましょう。

それは、神のロボットになることではありません。かつて人が自分の意志で神から離れて堕落したように、今度は自分の意志で神に従う道を選び取るようになることです。嫌々でも強制されてでもなく、自ら進んで喜んでです。それは、あたかも「天の御使い」のようになることです（詩編一〇三20）。「みこころの天になるごとく」とは、御使いたちが天上で御心に従っているように、と言い換えることができるでしょう。そのように、地上を生きるわたしたち「一人一人が自分の務めと召命とを、天の御使いのように喜んで忠実に果たせるようにしてください」と願うのです。

他方で、わたしたち人間に、もし御使いにまさる点があるとすれば、それは神の赦しの愛を知っているということでしょう。わたしたちのような者さえ見捨てることなく御自分の子どもとしてくださる天の御父の愛です。キリスト者は、この愛の御心に対して同じく愛の心をもって応える者たちです。それは、聖霊によって新たに造り変えていただく心です（問86）。父の御心を推し量る子どもの心と言ってもよいでしょう。それによって、何が神の御心か、何が善いことで、神に喜ばれることかをわきまえられるようになるのです（ローマ一二2）。

ですから、皆が同じことをする必要も、優劣を競い合う必要もありません。たとい拙くとも自分に与えられた賜物を用いて、できる限りのことを喜んで果たすことです（Iコリント七17、ローマ一二6－8）。神はわたしたち一人一人をユニークなものとしてお造りくださいました。それは、各々が神に心を合わせ、互いに配慮し合うことによって、美しいハーモニーを奏でるためです。天の御父は、神の子たちの多様性と調和をお喜びになる方です（エフェソ四16）。

しかし、この世の旅路において、時に神の御心がわからなくなる時もあるでしょう。〝神様なぜですか？〟と叫ばずにはおれない時があるかもしれません。主イエスもまた、御心に従うために、祈りの戦いをされました。その戦いの末に「御心のままに」と祈られたのです（ルカ二二42）。「御心のままに」。これこそは、愛する者たちのために万事を益としてくださる御父（ローマ八28）に対する絶対的信頼の告白です。わたしたちもまた、この祈りに生きる者となりたいものです。

問125　第四の願いは何ですか。

答　「われらの日用の糧をきょうも与えたまえ」です。
すなわち、
わたしたちに肉体的に必要なすべてのものを備えてください、
それによって、わたしたちが、
　あなたこそ良きものすべての唯一の源であられること、

また、あなたの祝福なしには、
わたしたちの心配りや労働、あなたの賜物でさえも
わたしたちの益にならないことを知り、
そうしてわたしたちが、
自分の信頼をあらゆる被造物から取り去り、
ただあなたの上にのみ置くようにさせてください、
ということです。

「主の祈り」の前半三つは御名・御国・御心という神に関わることについて、わたしたちの思いや生活を正すための願いでした。それに対して、後半の三つは「われら」のより現実的な必要についての願いです。

その最初である第四の願いは、まさにわたしたち地上を生きる人間にとっての最も基本的な必要、すなわち「日用の糧をきょうも与えたまえ」という願いです。「糧」と訳された言葉は「パン」という言葉ですが、たんにパンのみならず、わたしたちの「肉体的に必要なすべてのもの」を意味しています。それらが日々、わたしたち皆に備えられることを祈り願うのです。

初めて教会で「主の祈り」を学んだ時、このような願いが含まれていること、特に「罪の赦し」を願う第五の祈りよりも先に置かれていることを不思議に思いました。聖書の言葉に「人はパン

だけで生きるものではない。神の口から出る一つ一つの言葉で生きる」（マタイ四4）とあるように、信仰者の生活は純粋に魂の救いを求めるものだと思っていたからです。

ところが、少なくとも「主の祈り」に教えられている願いは、そうではありませんでした。主イエスは、罪の赦しに先立って日々の糧を祈りなさいとお命じになっているからです。〝ついでに、このことを祈ってもいいよ〟ではなく、まずこの願いを天の父に向かって祈りなさいとおっしゃいました。それは何よりわたしたち人間が何かを食べずには生きていけない存在だからでしょう。ちょうど親が離れている子どもに〝ちゃんと食べているか？〟と尋ねるように、わたしたちの神は誰よりもわたしたちの食べ物をまず心配してくださる方です（創世二16、出エジプト一六章、列王上一九5、マルコ五43等）。ましてわたしたちの弱さと苦しみを担うために自らわたしたちと同じ肉体を身にまとわれた主イエスは、人の必要と思い煩いをよく御存知の方です。その方が、生きていくために必要なものをまず祈りなさいとお命じになったことに、深い憐れみと御配慮を感じないではおられません。

ですから、この願いを祈る度にわたしたちは、この方こそ「良きものすべての唯一の源であられること」を知る必要があります。実際、地上の生活が天の恵みによって豊かにされることは人類共通の認識でしょう（使徒一四17、一七25）。しかし、大切なのは、たんに良き物に恵まれるかどうかということだけでなく、「あなたの祝福なしには、わたしたちの心配りや労働、あなたの賜物でさえも、わたしたちの益にならない」との確信です（詩編一二七1－2参照）。わたしたち人間に生きることの意味と喜びを与えてくださるのは、天の父だけだからです。

人の幸せは、持ち物の多少によりません（詩編三七16）。そもそもこの世界は神によって造られたのですから、日用の糧も労働もすべては神の恵みと祝福の賜物であるはずです。問題は、それらをきちんと神の祝福と受け止める心の目を持っているかどうかです。どんな小さなことにも、時に応じて開かれる神の御手の祝福を見て取る人こそ幸いです（詩編一四五15）。そのような人の生活は、絶えず神の祝福で彩られることでしょう。

わたしたちは何も持たずにこの世に生まれてきました。ですから、主が備えてくださる恵みで満足しましょう（Ⅰテモテ六8）。何より主が共にいてくださることだけで、十分ではありませんか（ヘブライ一三5）。したがって、「日用の糧」を祈り求めるとは、「自分の信頼をあらゆる被造物から取り去り、ただあなたの上にのみ置くようにさせてください」と祈ることにほかなりません。ちょっと雨が降らないだけで食べ物に困り、ちょっと具合が悪くなっただけで働けなくなるわたしたち人間は、全面的に神に依存している存在です。その方に今日も生かされていることが、わたしたちの喜びです。

空の鳥や野の花々でさえ心にかけてくださる御父が、どうして御自分の子どもたちのことを忘れることなどありましょう（マタイ六25－34）。何年分も蓄えようと欲張ったり（ルカ一二13－21）、必要以上に明日のことを思い煩ったりすることなく、一日一日、わたしたちの身も心も養ってくださる天の父の愛に信頼して、神の子らしく生きることこそ肝要です。

問126　第五の願いは何ですか。

答　「われらに罪を犯す者をわれらがゆるすごとく、
　　われらの罪をもゆるしたまえ」です。

すなわち、
わたしたちのあらゆる過失、
　さらに今なおわたしたちに付いてまわる悪を、
キリストの血のゆえに、
みじめな罪人であるわたしたちに負わせないでください、
わたしたちもまた、
あなたの恵みの証をわたしたちの内に見出し、
わたしたちの隣人を心から赦そうと
かたく決心していますから、ということです。

「主の祈り」の第五の願いは、罪の赦しを求める願いです。信仰者としての必要から言えば、このことをまず祈らねばと思いますが、すでに罪を赦されているはずのわたしたちがなぜ赦しを請わねばならないのかという疑問もわきます。さらに、わたしたちの罪の赦しと他者の赦しはどちらが先かなど、なかなか理解に苦しむ願いかもしれません。

『信仰問答』の答によれば、この願いはまず、「わたしたちのあらゆる過失、さらに今なおわたしたちに付いてまわる悪を、キリストの血のゆえに、みじめな罪人であるわたしたちに負わせないでください」という祈りです。この答は、使徒信条の「罪のゆるし」についての解説（問56）と内容的にはほとんど同じです。すなわち、わたしのすべての罪と、わたしが生涯戦わなければならない罪深い性質を、キリストの償いのゆえに神が覚えようとなさらないということです。問題は、このようなキリストによる赦しにあずかりながら、なお「みじめな罪人」と感ぜずにはおれないわたしたちの心なのです。

使徒パウロは、キリストを信じる信仰がもたらす罪の奴隷状態からの解放を大胆に伝えた人ですが、それでも自分が望む善は行わずかえって望まぬ悪を行ってしまう罪深い自分自身を嘆いて、「わたしはなんと惨めな人間なのでしょう」と叫ばずにはおれませんでした（ローマ七24）。光に照らされれば照らされるほど、闇に隠されていたものは明らかになるものです。信仰に進めば進むほど、自分の愚かさや弱さなど、罪人としての自分の姿はいっそう際立ってきます。「神様、罪人のわたしを憐れんでください」と、目を天にも上げられずにひたすら胸を打ちながら祈った徴税人のように（ルカ一八13）、わたしたちもまた天の御父に祈らずにはおれないでしょう。しかし、実は、そのように悔い砕かれた魂こそが神がわたしたちからお求めになるいけにえなのです（詩編五一19、ルカ一八14）。

このことは、親子関係を考えるとわかりやすいかもしれません。子どもが悪いことをした時に〝ごめんなさい〟を言う。〝ごめんなさい〟を言わなければ親子関係が切れるというわけでは必ずしもありません。どんなに悪い子であっても我が子は我が子だからです。しかし、その子が自分の非を認めて悔い改めつつ人間として成長していくためには、〝ごめんなさい〟を言うことが大切なのです。ですから、この第五の願いは、一般的な赦しを請う祈りと言うよりは、神の子として成長していくための祈りだと言うことができましょう。聖であると同時に愛である天の御父の御前に〝ごめんなさい〟を言いながら成長していくための祈りです。

こう考えますと、次のことも自ずと理解できるのではないでしょうか。すなわち、そのように赦しを求める「**わたしたちもまた、あなたの恵みの証をわたしたちの内に見出し、わたしたちの隣人を心から赦そうとかたく決心しています**」と。ここでの「隣人」とは、特にわたしたちに対して負い目のある人、罪を犯した人のことです。自分の罪の赦しは願うが、自分に対する罪やあの人この人の罪は赦せないということがあるでしょう。しかし、それではわたしたちの心が平安であることはできません。天の御父は、わたしたちが過去に引きずられることなく絶えず晴れやかな思いで生きることができるようにと、わたしを赦してくださいました。そのわたしが、他人を赦せない苦々しい思いを抱えつつ生きることを、御父は決してお望みにはならないでしょう。

「敵を愛し、自分を迫害する者のために祈りなさい」との主イエスの教え（マタイ五44）は、わたしたちが「天の父の子となるため」の教えでした（五45）。悪人にも善人にも太陽を昇らせてくださるのがわたしたちの天の御父です。そうであれば、どうしてその子どもたちが憎しみを抱えたままで生きていけましょう。

赦すことは決して簡単なことではありません。それはわたしの罪にしても同じことです。主イエス・キリストの御血潮をもってしか償うことなどできなかったのです。そのような神の愛の証しを内にもっているわたしが、神の子らしく成長していくための祈りの言葉を心に刻みましょう。

問127　第六の願いは何ですか。

答　「われらをこころみにあわせず、
　悪より救い出したまえ」です。
すなわち、
わたしたちは自分自身あまりに弱く、
　ほんの一時立っていることさえできません。
その上わたしたちの恐ろしい敵である
悪魔やこの世、また自分自身の肉が、
絶え間なく攻撃をしかけてまいります。

ですから、どうかあなたの聖霊の力によって、
わたしたちを保ち、強めてくださり、
わたしたちがそれらに激しく抵抗し、
この霊の戦いに敗れることなく、
ついには完全な勝利を収められるようにしてください、
ということです。

主イエスが祈る時にはこう言いなさいとお教えになった「主の祈り」の最後の願いは、「われらをこころみにあわせず、悪より救い出したまえ」です。日々の糧が与えられ（第四禱）、罪赦された平安（第五禱）の中に置かれたとしても、その状態がいつまでも続くわけではありません。むしろ、「わたしたちは自分自身あまりに弱く、ほんの一時立っていることさえできません」との現実が、この最後の願いを祈る理由です。

土の器にすぎない人間は、少し具合が悪くなるだけで、文字通り「ほんの一時立っていることさえ」できなくなります。のみならず、さまざまな思い煩いで心が一杯になると、穏やかな精神状態を保つことさえ困難になります（詩編三〇7－8）。肉体的にも精神的にも、わたしたちがあまりに弱い存在であることは紛れもない事実です。

「その上わたしたちの恐ろしい敵である悪魔やこの世、また自分自身の肉が、絶え間なく攻撃を

しかけてまいります」。悪魔がいかなる存在なのか、よくわかりません。しかし、わたしたちを神から離して悪の支配へと引きずり込もうと誘惑する（マタイ四3）力が現実に存在することを、聖書は明確に教えています。そのような闇の力の支配下にある世界が「この世」であり（エフェソ六12）、わたしたち自身の内側にある罪の法則（ローマ七23）が「肉」の欲望です。

それらはわたしたちの日常生活のただ中で、手を変え品を変え、わたしたちを神の御心から引き離そうと絶え間なく攻撃をしかけてきます。それが、信仰者が直面する誘惑であり、試みや試練と呼ばれるものです。そのような誘惑や試練は、信仰者のみが経験するものです。本来あるべき状態、神の御心がわかっているからこそ悩むのです。初めから神から離れている者をどうして引き離す必要があるでしょう。

信仰の父アブラハムが試されたのも（創世二二1以下）、イスラエルの民が四〇年間も荒れ野を旅したのも、彼らの心が露わにされ、本当に神の戒めに従順であるかどうかを試すためでした（申命八2）。それは、誘惑に負けて堕落した人間（創世三1以下）が、真に神の愛する子どもたちとして成長するための主の鍛錬です（ヘブライ一二4－11）。

しかし、「心は燃えても、肉体は弱い」（マタイ二六41）。主イエスがわたしたちのためにもだえ苦しんでおられるのを目の当たりにしながら、なお眠りこけてしまう弟子たちをいったい誰が責められましょう。だからこそわたしたちは祈ります。「どうかあなたの聖霊の力によって、わたしたちを保ち、強めてくださり、わたしたちがそれらに激しく抵抗し、この霊の戦いに敗れることなく、ついには完全な勝利を収められるようにしてください」と。〝このように祈りなさい〟とお命じになった主イエスは、御自身、公生涯の初めに悪魔の誘惑を受けられた方です（マタイ四1以下）。わたしたち人間の弱さや迷い、苦しみを御自身で経験された方だからこそ、試練を受けている人々を助けることがおできになるのです（ヘブライ二18）。

そのように憐れみ深いわたしたちの主が御自分の弟子たちのために願われたことは、しかし、わたしたちがこの世から取り去られることではなく、悪い者から守られることでした（ヨハネ一七15）。そのために神の子らに与えられたのが、聖霊です。聖霊は、霊の戦いの中でどう祈ればよいのかもわからずに戸惑うばかりのわたしたちのために、御父に執り成してくださる方です（ローマ八26）。いいえ、天の御父の右に座しておられる主イエス御自身が、わたしたちのために執り成していてくださいます（問51参照）。誰が、このキリストにある神の愛からわたしたちを引き離すことができるでしょう（ローマ八34―35節）！

主イエスは、ペトロが試みに負けることを承知の上で、彼のために祈られました。〝立ち直った時には兄弟たちを力づけてやりなさい〟と（ルカ二二32）。「主の祈り」の第六禱もまた「わたしたち」皆のための祈りです。この世で信仰の試練にあっている人々はたくさんいます（Ⅰペトロ五9）。勝利の日に至るまで、わたしたちは互いの弱さを思いやり、心が挫けないように祈りつつ励まし合いましょう（ヘブライ一〇25）。

問128　あなたはこの祈りを、どのように結びますか。

答　「国とちからと栄えとは、
限りなくなんじのものなればなり」
というようにです。

すなわち、
わたしたちがこれらすべてのことをあなたに願うのは、
あなたこそわたしたちの王、
またすべてのことに力ある方として、
すべての良きものをわたしたちに与えようと欲し、
またそれがおできになるからであり、
そうして、わたしたちではなく、あなたの聖なる御名が、
永遠に賛美されるためなのです。

主イエスが〝このように祈りなさい〟とお教えになった「主の祈り」は、マタイとルカによる福音書に記されている全部で六つの願いからなる祈りに基づいています。ところが、この「主の祈り」を祈り続けていた初代教会は、いつ頃からか、これら六つの願いに結びの言葉を付け加えて祈

るようになりました（問118－119の解説参照）。おそらく「～してください」と祈るだけでは何かが足りない、落ち着きが悪いと感じたのでしょう。

ですから、厳密に言えば、この結びの言葉はイエスがお教えになった祈りの言葉ではありません。しかし、主イエスによって祈りを教えていただいた初代教会が、こう祈らずにはおれないと自ら紡ぎ出した言葉ですから、わたしたちもしっかり学ぶことにしましょう。そもそも、祈りとは、わたしたちの心から自然にあふれ出す感謝の最も重要な表現なのですから（問116）。

この結びの言葉（～なればなり）は、何よりも先行する六つの願いの根拠を表しています。すなわち、**「わたしたちがこれらすべてのことをあなたに願うのは、あなたこそわたしたちの王、またすべてのことに力ある方として、すべての良きものをわたしたちに与えようと欲し、またそれがおできになるから」**だ、と。「国とちからと栄え」の「国」とは、支配と訳すことのできる言葉です。すなわち、わたしたちが祈りを捧げる天の御父こそ「わたしたちの王」であり、この世界の主権者であり、支配者であられるということ。また、「すべてのことに力ある」全能の神だということです。

とはいえ、ただすべてを支配する力ある王というだけでは、祈りが聞き届けられる根拠にはなりません。大切なのは、この方が「すべての良きものをわたしたちに与えようと欲し、またそれがおできになる」全能の父なる神であられるという信仰です（問26－28）。わたしたちのように罪深く取るに足らない者たちのために、御自分の御子をさえ惜しまずにくださった方がわたしたちの父です。

どうして御子のみならず万物をもくださらないことがありましょうか（ローマ八32）。

さらに、この結びの言葉は「主の祈り」全体の究極的な目的をも指し示していると、『信仰問答』は理解しています。すなわち、わたしたちがこの祈りを祈るのは、「わたしたちではなく、あなたの聖なる御名が、永遠に賛美されるため」である、と。これはただしい理解です。実は『ハイデルベルク信仰問答』における「主の祈り」の解説は、すべて〝わたしたちのため〟の祈りという視点から為されていました。神に対する前半三つの願いでさえも、わたしたちのための願いであると。これはこれで、とても大切な視点です。主イエスが教えてくださった祈りなのですから、この祈りを祈ることでわたしたちが豊かな益を受けるのは当然のことです。

しかし、それにもかかわらず、わたしたちの祈りは究極的には心を天へと上げるものでなければなりません。自分たちの願いがかなえられればおしまい、というものではない。むしろ、そこまでしてわたしたちを顧みてくださる大いなる神の御名が崇められ、永遠に賛美されること（歴代上二九10以下）。それこそがわたしたちの祈りのゴールであり、そのような祈りの姿勢に生きることこそが人間本来の姿です（問6）。

主の祈りは「み名をあがめさせたまえ」という神への賛美から始まり、賛美の言葉で締め括られます。それはちょうど教会で為される礼拝の形に似ています。しかし、この最初の賛美と最後の賛美とは同じではないことをわたしたちは知っているでしょう。重い口を開いて神を賛美したわたしに対して、全能の父なる神がいかに憐れみ深く、いかに豊かな恵みを惜しみなく注ぎ、いかに深く愛しておられるかを知った時、わたしたちの心は感謝に満たされます。そうして今度は、心からの喜びをもってこの方に賛美を捧げずにはおれなくなるからです。
初代教会は、きっとそのような生き生きとした礼拝と祈りの生活をしていたに違いないと思うのです。彼らのその思いが、このような祈りを結ぶ言葉となって紡ぎ出されたのですから。

問129　「アーメン」という言葉は、何を意味していますか。
答　「アーメン」とは、
それが真実であり確実である、ということです。
なぜなら、これらのことを神に願い求めていると、
わたしが心の中で感じているよりもはるかに確実に、
わたしの祈りはこの方に聞かれているからです。

キリストの教会で祈られる「主の祈り」を締め括るのは「アーメン」という言葉です。実際、主の祈りに限らず、他の祈りや（そもそも祈りの一形態である）賛美歌の最後で、また教会によっては説教や他者の祈りへの応答として用いられる教会用語の一つです。
「アーメン」はもともとヘブライ語で「それが真実であり確実である」という意味の言葉です。

例えば、約束の土地に入ろうとするイスラエルの民たちが神の戒めに従って生きることを改めて誓う場面で一つ一つの戒めに応答する時（申命二七15以下）、あるいは高らかに神を賛美して「主をたたえよ」と叫んだ後などに用いられています（詩編四一14、七二19等）。

ところが、興味深いことに、この言葉はほとんどこのままの形と発音で他の言語にも受け入れられて今日に至っています。ギリシア語で記されている新約聖書にも何度も出てきます。旧約聖書同様、神への賛美や願いの最後に（ローマ一25、九5、ガラテヤ一5、六18、他多数）。当時の教会では、教会に来てまもない人でさえ用いていたようです（Ⅰコリント一四16）。

しかし、新約聖書の中でこの単語が圧倒的に用いられているのが、イエスの言葉においてです。日本語聖書で「はっきり言っておく」や「まことに告げます」と訳されている「はっきり」や「まことに」という言葉が「アーメン」という単語です。マタイによる福音書だけで三二回（五18、26他）。ヨハネによる福音書では「アーメン、アーメン」のように繰り返す表現が多用されています（一51、三3等）。

パウロはこのイエス・キリストについて、神の約束はことごとくこの方において成就した。「それで、わたしたちは神をたたえるため、この方を通して『アーメン』と唱えます」と言っています（Ⅱコリント一20）。つまり、イエスの言葉や御生涯のすべては神の約束の確かな実現であり、この方において神の真実は鮮やかに現されたということです。まさにイエス御自身が「アーメンである方」だと、ヨハネの黙示録が呼んでいるとおりです（三14）。ですから、キリスト者たちが唱える「アーメン」は、イエス・キリストにおいて今や完全に成し遂げられた神の確かな救いに基づく、確信に満ちた「アーメン」なのです！

「主の祈り」の最後に唱えられる「アーメン」もまた、この確信に基づいています。「なぜなら、**これらのことを神に願い求めていると、わたしが心の中で感じているよりもはるかに確実に、わたしの祈りはこの方に聞かれているからです**」。

旧約時代においても、神は御自分の民の祈りに絶えず耳を傾けておられ、彼らが呼びかけるやいなや聞き届けてくださる方であると、教えられていました（イザヤ六五24）。ちょうど幼い子どもが親にすり寄っていくと、それだけで子どもが何を求めているのかを親は察知するように、わたしたちがたどたどしくも祈り始めた途端に、待ってましたとばかり主はその祈りを聞き届けてくださるというのです。わたしたちの祈りは一言も地に落ちることなく神に届いているという、祈りの確実さです。

この祈りの確実さは、キリストによって不動のものとされました（問117参照）。なぜなら、わたしが「真実な」救い主イエス・キリストのものとされたからです（問1）。わたしのちっぽけな祈りはもはやわたしの心の中だけの独白ではなく、たといわたしが誠実でなくても常に真実であられるキリスト（Ⅱテモテ二13）によって、御父や聖霊の中でさえ聞かれている祈りとされたのです。

『ハイデルベルク信仰問答』が生み出された宗教改革の時代は、社会の大きな混乱の中ですべてが不確かで混沌としていた時代でした。そのような中で、わたしたち罪人を体も魂も丸ごとに受け入れて救ってくださるイエス・キリストにある神の不動の救い。これこそが〝ただ一つの慰め〟であることを高らかに宣言したのが、この小さな文書でした。そのような『信仰問答』の精神が、最後の答えにも鮮やかに示されています。

わたしという無きに等しい存在がキリストのものとされたこと。わたし以上にわたしを御存知であられる方の中で生き死ぬことができるとは、何という幸いでしょう。このお方にのみ栄光がありますように。アーメン！

おわりに

「ここに……格段の熱意と慈しみをもって勧めまた命じることは、神の栄光とわれらの国民のためまたあなたがた自身の魂の益のために、このカテキズムまたは教程を努めて感謝をもって受け入れること……、それに基づいて教え、行い、そして生きることである。疑いなき希望と確信をもって言えることは、もし青年たちが神の言葉によってその初めから熱心に教えられ養われるならば、全能者もまたわれらの生活の改善を押し進め、この世とかの世にわたる繁栄を授けてくださるであろう、ということである」。

(『ハイデルベルク信仰問答』第一版(一五六三年)序文より)

「わたしのカテキズムは、その一言一言が人間ではなく神の源泉〈聖書〉から引かれております。それは、欄外の証拠聖句が示しているとおりです。だからこそ、このカテキズムを攻撃しようとした神学者たちは、その力を失ったのであります。彼らの批判がいかに根拠のないものであるかが、開かれた御言葉によって明らかにされたからであります」。

（アウグスブルク会議（一五六六年）でのフリードリヒ三世の弁明より）

「聖書は、たとえて言えば、海のようです。海の本当の豊かさ・すばらしさは、実際に海とたわむれ、海と共に生活してみなければわからないでしょう。あるいは、聖書は、深い森のようです。その奥深さ・神秘・驚きも、実際に足を踏み入れてみなければ味わえないに違いありません……」。

こんな語り出しから、この学びは始められました。そのように途方もなく豊かで奥深い聖書の世界を理解するために、いわば羅針盤やガイドブックの役割を果たすカテキズム（信仰問答書）を頼りに御一緒に学んでまいりましょう……と。

今、その学びを終えてみて、どのような感想を抱かれたでしょうか。最初の方のことは、もう忘れてしまったかもしれませんね。結構です。人間の頭は忘れるようにできているのですから。またもう一度、初めから学び直しましょう。事実、カテキズム教育は、何度も何度も繰り返して学ぶことに意味があります。小さい頃から年老いるまで、繰り返して学ぶものなのです。そのように繰り返すうちに、少しずつ、カテキズムの言葉や構造が頭の中（そして心の中！）に染み込んでいくのです。

聖書のことをもっと学びたくなった？　それはすばらしいことです！　ぜひ学びを進めてください。カテキズムは、そのためにこそ作られたのですから。とりわけ、この『ハイデルベルク信仰問答』という書物は、そうです。さまざまな議論になりそうな問題は極力避けて、人々が純粋に聖書に親しみ、そのエッセンスを理解できるようにと配慮して作られた書物だからです。

一六世紀のヨーロッパは「宗教改革」と呼ばれる時代です。キリスト教化したヨーロッパは、長い歴史の中で次第にその信仰が形骸化して、人々は自分たちが何を信じているのかさえわからないまま、ただ教会の言うことを聞けばいいという状態にまで堕してしまいました。そのような中で、神の言葉である聖書にイエス・キリストの〝福音〟を見出したのが、マルティン・ルターをはじめとする宗教改革者たちでした。彼らは、あらゆる人々が神の言葉によって養われ喜びをもって生きることができるようにと、御言葉の教育に全力を注ぎました。その結果生み出されたのが、数百ものカテキズムなのでした。

ところが、聖書のみに基づく信仰は、他方で、細かい所における理解の違いをもたらし、しばしば教会間の一致を妨げる要因にさえなりました。聖書理解を助けるはずのカテキズムが、党派心を養う道具になる危険があったのです。一五五九年にドイツ・プファルツの領主となってハイデルベルク城から統治したフリードリヒ三世という人は、何よりも若者たちが神の言葉によって教育されることを願うとともに、領内に存在していた諸党派の争いを引き起こすことなく、むしろ皆を一致させるカテキズムの作成を命じました。それは、徹底的に聖書そのものに基づき、特に聖書の心臓であるイエス・キリストの〝福音〟を積極的に教えるという方法以外にありませんでした。悲惨・救い・感謝という構造も、「慰め」を全問答の土台としたことも、すべてはそのためでした。

『ハイデルベルク信仰問答』がさまざまな色眼鏡で見られて批判を浴びた時、フリードリヒは

「わたしのカテキズムは、その一言一言が人間ではなく神の源泉〔聖書〕から引かれております。それは、欄外の証拠聖句が示しているとおりです。だからこそ、このカテキズムを攻撃しようとした神学者たちは、その力を失ったのであります」と、胸を張って弁明したと伝えられています。その言葉の通り『ハイデルベルク信仰問答』の欄外には、たくさんの証拠聖句が付けられています。残念ながら、この学びの中では、そのすべてを御紹介することはできませんでした（全部を御覧になりたい方は、同書をお買い求めください）。しかし、その最も大切な鍵となる聖書箇所は、文中で言及しておいたつもりです。ですから、本書をテキストにして学ばれる際には、本文中に言及された聖書箇所を必ず開いてお読みください。そうすれば、『信仰問答』が教えたいことの意味を一層深く理解し、確信を深めることができるでしょう。

＊　＊　＊

『ハイデルベルク信仰問答』は、今から四五〇年も昔の文書です。聖書も古い書物ですが、このガイドブックも少々古すぎないかとの疑問も沸くかもしれません。実際、今日では不必要かつ理解困難な説明もありましたし、その場合には正直にそのように解説しました。

それにもかかわらず、この『信仰問答』は今日でも十分通用する、否、今日こそ耳を傾けねばならないメッセージを明確に伝えているようにわたしには思えます。それは、時代を超えてわたしたち人間の現実に与えられているキリストの福音を、この小さな書物が見事に伝えているからです。そのような福音の真髄であり、『ハイデルベルク信仰問答』の中心的なメッセージである「ただ一つの慰め」について、最後にもう一度思い巡らして終わりにしたいと思います。

問1　生きるにも死ぬにも、あなたのただ一つの慰めは何ですか。

答　わたしがわたし自身のものではなく、
　体も魂も、生きるにも死ぬにも、
　わたしの真実な救い主
　イエス・キリストのものであることです。
この方は御自分の尊い血をもって
　わたしのすべての罪を完全に償い、
　悪魔のあらゆる力からわたしを解放してくださいました。
また、天にいますわたしの父の御旨でなければ
　髪の毛一本も落ちることができないほどに、
　わたしを守っていてくださいます。
　実に万事がわたしの救いのために働くのです。
そうしてまた、御自身の聖霊によりわたしに永遠の命を保証し、

今から後この方のために生きることを心から喜び
またそれにふさわしくなるように、
整えてもくださるのです。

「わたしがキリストのもの」であることがどうして「ただ一つの慰め」なのかよくわからないと、時折耳にします。〝キリストがわたしのもの〟ならわかるのだけれど、と。もちろん、主イエス・キリストはわたしたちのために御自身を献げてくださった方ですが、それにもかかわらず、やはり「わたしがキリストのもの」であることに究極的な慰めはあるのだと思います。

この世では何ができるか何を持っているかで、人の価値が計られます。それなら、役に立たないどころか罪の負債ばかり膨れ上がった人間をいったい誰が価値あるものとみなしてくれるのでしょう。ところが、そのようなわたしたちをそれでも赦して御自分のものにしようとしてくださるのが、聖書の神です。しかも、その負債を御子が御自分の命によって完全に償ってくださったというのです。

わたしが自分自身の中にではなく、キリストの中にある自分としての価値を見出すようにしてくださった。これが聖書の福音です。もし自分の価値を他人と比較して、あるいは自分自身の中に探すしかないとすれば、それは何と惨めで虚しいことでしょうか。けれども、こんなわたしに価値があると、永遠に変わることのない神が断言なさるとするなら、それは何と確かな慰めでしょうか。

『ハイデルベルク信仰問答』が問答の中でしばしば「わたし」という一人称単数を用いているために、非常に主観的だと言われることがあります。しかし、それは大きな誤解です。問1が明確に語っていることは「わたしがわたし自身のものではない」ことが慰めだということです。「わたし」という存在がキリストに抱かれて見えなくなるほど一つとされる。これが「わたし」の生死を貫く確かな救いであり拠り所であるというのが『信仰問答』の主張なのです。

実は『信仰問答』の中に「慰め」という言葉自体はそれほど多く現れません。むしろ、「信頼」「喜び」「希望」という言葉が、しばしば父なる神や聖霊なる神の御業と共に語られます。つまり、『信仰問答』が教える「慰め」とは、決してセンチメンタルなものではなく、世界や歴史またわたしたちの全生活と全生涯を貫く神の業に根ざして生きる力のことです。

したがって、この「慰め」は言葉だけの抽象的な概念なのでもありません。わたしの「体と魂」全体に関わる具体的かつ現実の事柄です。『信仰問答』が神の救いをしばしば「体と魂」という表現で表すのは、そのためです（問11、34、57、76、109、118等）。わたしたちの救いのためのキリストの苦しみが「体と魂」におけるリアルな苦しみだったからです（問37）。聖書が教える愛は、いつでもリアルで具体的なものなのです。

いつの時代にも「涙の谷間」（問26）を生きる人々の絶えないこの悲惨な世界に、父と子と聖霊なる神は、信頼と慰めと喜びを回復してくださいました。そのように大いなる神の救いの中に、こんなにもちっぽけで惨めな「わたし」が、ただ主イエス・キリストを信じる信仰によって入れていただける。これが『信仰問答』が明らかにする聖書の福音にほかなりません。

この小さな書物の学びを通して、皆様がそのような「ただ一つの慰め」を確信し、大きな喜びと希望をもってこの世の旅路を力強く歩み続けてくださいますように、心よりお祈りいたします。

あとがき

本書は、北米キリスト改革派教会メディア伝道局の日本語部門であるＣＲＣメディア・ミニストリー（当時）の月刊誌「ふくいんのなみ」に二〇〇八年から二〇一四年まで、七年間にわたって連載された「〝ただ一つの慰め〟――『ハイデルベルク信仰問答』の学び」を一冊にまとめたものです。

その内容は、後にインターネットのホームページ（「ふくいんのなみ」で検索）でも公開され、月刊誌とともども個人または教会の学び会などのために、よく用いていただきました。以前から出版の話がありましたが、このたびＣＲＣ改めＲＣＪメディア・ミニストリーと教文館の御厚意と御協力により、このような書物として出版できますことを心より御礼申し上げたいと思います。

連載では字数制限のために表現が十分でなかったり論旨がわかりにくかったりした点を、出版にあたり加筆訂正しました。他方で、毎回一回完結の連載にしてきたために、一冊にまとめてみると繰り返しや重複する部分が多くなってしまいましたが、これはほとんどそのまま残しました。本書をお読みになる（または学習会などでお用いになる）場合は、一気に読み進めることをしないで、問答と解説が一回分であることを念頭に置いて用いていただければ幸いです。

また本書には、数枚だけですが、レンブラントの絵を挿入しました。レンブラント自身がオランダでこの『信仰問答』に養われたからなのか、あるいは通俗的な聖画を超えたレンブラントのリアリズムが『信仰問答』のリアリズムと合うためなのか、よくわかりませんが、『ハイデルベルク信仰問答』の霊性にはレンブラントの絵が不思議に調和するのです。

本書の解説では、大きく二つの点が意識されています。一つは、『ハイデルベルク信仰問答』という一六世紀の文書をできる限り当時の文脈の中で理解すること。そして、もう一つは、『信仰問答』そのものの目的である、聖書がわかるようになることです。いろいろな歴史資料を用いて解説するのではなく、何よりも『信仰問答』の一言一言と聖書との結びつきを大切にしたつもりです。解説本文中で言及した聖書箇所はぜひ実際に開いて確かめていただきたいと思います。

なお、『ハイデルベルク信仰問答』というカテキズム自体をより専門的に学びたい方は、拙訳『『ハイデルベルク信仰問答』入門——資料・歴史・神学』(教文館、二〇一三年)や『『ハイデルベルク信仰問答』の神学——宗教改革神学の総合』(教文館、二〇一七年)をご参照ください。

未だ仙台で奉仕をしていた七年間毎月執筆し続けた連載は、ただ一度、お休みをいただいたことがありました。二〇一一年三月に起きた東日本大震災の時です。解説の中では一言も言及しませんでしたが、教会の仕事や被災者支援活動に忙殺される中で、毎月の締切に追われるようにして原稿を書き続けたことを思い起こします。否、むしろ、尋常ならぬ日々の中で、聖書と『信仰問答』に向き合うことによって自分を保つことができたのかもしれません。変転極まりない時代の中で変わらないものに心を向け続けることの大切さを、本書を通して見出していただけるなら、筆者としてこれにまさる幸いはありません。

教文館の髙木誠一さんには、今回もお世話になりました。記して感謝いたします。

吉田 隆

主の二〇一九年四月 復活節

《著者紹介》

吉田 隆（よしだ・たかし）

1961年，横浜に生まれる。東北大学教育学部を卒業後，改革派神学研修所，神戸改革派神学校に学ぶ。プリンストン神学校，カルヴィン神学校に留学。神学博士。現在，神戸改革派神学校校長，日本キリスト改革派甲子園教会牧師。

著書　『〈ただ一つの慰め〉に生きる――「ハイデルベルク信仰問答」の霊性』（神戸改革派神学校，2006年），『カルヴァンの終末論』（教文館，2017年），『五つの“ソラ”から――「宗教改革」後を生きる』（いのちのことば社，2017年）ほか。

訳書　G. E. ラッド『新約聖書と批評学』（共訳，聖恵授産所，1991年，いのちのことば社，2014年），『ハイデルベルク信仰問答』（新教出版社，1997年），L. D. ビエルマ編『『ハイデルベルク信仰問答』入門――資料・歴史・神学』（教文館，2013年）、L. D. ビエルマ『『ハイデルベルク信仰問答』の神学――宗教改革神学の総合』（教文館，2017年）ほか。

ただ一つの慰め――『ハイデルベルク信仰問答』によるキリスト教入門

2019年6月10日　初版発行
2019年9月30日　3版発行

著　者　吉田　隆
発行者　渡部　満
発行所　株式会社　教文館
〒104-0061 東京都中央区銀座4-5-1　電話 03(3561)5549　FAX 03(5250)5107
URL http://www.kyobunkwan.co.jp/publishing/

印刷所　モリモト印刷株式会社

配給元　日キ販　〒162-0814　東京都新宿区新小川町9-1
電話 03(3260)5670　FAX 03(3260)5637

ISBN978-4-7642-6143-3　Printed in Japan